PONS

Last Minute Englisch

auf der Basis von
PONS Reisewörterbuch Englisch
bearbeitet von
Gordon Walker

Ernst Klett Sprachen
Barcelona • Budapest • London • Posen • Sofia • Stuttgart

PONS Last Minute
auf der Basis von
PONS Reisewörterbuch Englisch
1992 bearbeitet von
Derrick P. Jenkins
1999 neu bearbeitet von
Gordon Walker

1. Auflage 2001 – Nachdruck 2003

erschienen bei Ernst Klett Verlag GmbH, Rotebühlstraße 77,
70178 Stuttgart, 2001
Internet: www.pons.de
e-mail: info@pons.de

Redaktion: Barbara Pflüger, Regina Reinboth-Kämpf
Umschlaggestaltung: Ira Häußler, Stuttgart
Logoentwurf: Erwin Poell, Heidelberg
Layout und Satz: Fotosatz Kaufmann, Stuttgart
Druck: Lego Print S.p.A., Lavis (TN)
Printed in Italy
ISBN 3-12-518283-2

Aussprache

'	vor einer Silbe bedeutet, dass die nachfolgende Silbe betont ist. Bei einer Hauptbetonung steht das Zeichen oben vor der Silbe, bei einer Nebenbetonung unten; z. B. ['telɪˌvɪʒn].	
ː	bedeutet, dass der vorhergehende Laut lang zu sprechen ist.	
‿	zwischen zwei Wörtern bedeutet, dass man den letzten Buchstaben des ersten Wortes zum nächsten Wort hinüberzieht: this is [ðɪs ‿ ɪz].	
ɪ	wie Liste	film [fɪlm]
e	wie Bäcker	well [wel]
ʌ	kurzes a, wie in Stadt	but [bʌt], London ['lʌndən]
ʊ	wie Ruck	look [lʊk]
uː	langes u wie Puma	room [ruːm]
iː	langes i wie Wien	bean [biːn]
ɑː	langes a, etwa wie in Bahn	sardine [sɑː'diːn]
aɪ	wie Mai, dein	nice [naɪs]
æ	ganz offener ä-Laut, etwa zwischen Bäcker und backen	happy ['hæpɪ], ham [hæm]
eɪ	nicht wie klein, sondern e-i, d. h. von [e] zu [ɪ] gleiten	station ['steɪʃn], way [weɪ]

eə	ä-Laut wie in **Bär**, dann zu [ə] gleiten	there [ðeə]
ə	kurzes, schwaches, nur angedeutetes e, etwa wie in bitt**e**, dank**e**	about [ə'baʊt], welcome ['welkəm]
ɜː	ähnlich wie das ö in M**ö**rder, Lippen nicht runden	German ['dʒɜːmən], Germany ['dʒɜːmənɪ]
ɪə	auf das [ɪ] gleich ein kurzes [ə] folgen	here [hɪə]
	lassen, ähnlich wie in h**ier**	
ʊə	auf das [ʊ] gleich ein kurzes [ə] folgen lassen	poor [pʊə]
ɒ	kurzes offenes o, etwa wie in **o**ffen, K**o**pf	John [dʒɒn], not [nɒt]
ɔː	langes offenes o, etwa wie in H**o**rn	hall [hɔːl], all [ɔːl]
ɔɪ	offenes kurzes o, dann zu i gleiten, h**eu**te	boy [bɔɪ], wie in Roy [rɔɪ]
əʊ	auf das [ə] sofort ein u folgen lassen: ə↓ʊ	hello [hə'ləʊ]
aʊ	wie in M**au**s	now [naʊ]
ŋ	wie in la**ng**, kra**nk**	England ['ɪŋglənd]
r	Zunge an den Gaumen heben und leicht zurückbiegen	Robert ['rɒbət] from [frɒm]
s	wie in rei**ß**en, la**ss**en	salad ['sæləd], sir [sɜː]

z	wie in lesen, reisen	is [ɪz], houses ['haʊzɪz]
θ	[s] gesprochen mit der Zungenspitze zwischen den Zähnen	thank you ['θæŋkjʊ]
ð	[z] gesprochen mit der Zungenspitze zwischen den Zähnen	this [ðɪs], there [ðeə]
ʃ	wie in **Tisch**	ship [ʃɪp], she [ʃiː]
tʃ	t mit nachfolgendem [ʃ]	cheese [tʃiːz]
ʒ	wie in Gara**g**e, Lo**g**e	television ['telɪ̦vɪʒn]
dʒ	d und gleich anschließender [ʒ]-Laut, wie in In**g**enieur	John [dʒɒn], German ['dʒɜːmən]
v	wie in **W**ein, **W**asser, **V**ioline	invitation [ˌɪnvɪ'teɪʃn]
w	nicht wie dt. w, sondern mit vorgestülpten Lippen ein kurzes u bilden, dann dann schnell zum nachfolgenden Laut übergehen	way [weɪ], we̦lcome ['welkəm]

Beachten Sie: Ein d am Wortende darf nicht wie ein t ausgesprochen werden, sondern muss deutlich als d hörbar sein: cold [kəʊld]. Ebenso darf ein g am Wortende nicht wie ein k ausgesprochen werden, sondern muss deutlich als g hörbar sein: egg [eg].

Abkürzungen im Wörterbuch

adj	Adjektiv, Eigenschaftswort	adjective
adv	Adverb, Umstandswort	adverb
AE	amerikanisches Englisch	American English
Am	amerikanisch	American
BE	britisches Englisch	British English
Br	britisch	British
conj	Konjunktion, Bindewort	conjunction
el	Elektrotechnik, Elektrizität	electricity
f	Femininum, weiblich	feminine gender
fam	Umgangssprache, familiär	familiar, colloquial
fig	bildlich, übertragen	figurative
GB	Großbritannien	Great Britain
m	Maskulinum, männlich	masculine gender
n	Neutrum, sächlich	neuter gender
pl	Plural, Mehrzahl	plural
poss prn	Possessivpronomen, besitzanzeigendes Fürwort	possessive pronoun
prp	Präposition, Verhältniswort	preposition
rel	kirchlich, geistlich	religious
sing	Singular, Einzahl	singular
s.o.	jemand	someone
s.th.	etwas	something
tele	Telekommunikation, Nachrichtentechnik	telecommunications
USA	Vereinigte Staaten von Amerika	United States of America
v	Verb, Zeitwort	verb

Allgemeine Abkürzungen

AA	Automobile Association	Automobilklub
AD	Anno Domini	nach Christus
am	ante meridiem, before noon	vormittags
Ave	Avenue	Avenue
BA	Bachelor of Arts	unterster akademischer Grad (Geisteswissenschaften)
BBC	British Broadcasting Corporation	Britische Rundfunkgesellschaft
BC	Before Christ	vor Christus
BR	British Railways	Britische Eisenbahn
BSc	Bachelor of Science	unterster akademischer Grad (Naturwissenschaften)
BST	British Summer Time	Sommerzeit in England
C	Centigrade	Celsius
c/o	care of	bei (Adresse)
EU	European Union	Europäische Union (EU)
eg	for example	zum Beispiel
GB	Great Britain	Großbritannien (England, Wales, Schottland)
GMT	Greenwich Mean Time	Weltzeit
hp	horsepower	Pferdestärke, PS
ie	id est, that is	das heißt
lb	pound(s)	Pfund (Gewicht)
MA	Master of Arts	höherer akademischer Grad
MD	Doctor of Medicine	Doktor der Medizin
MP	Member of Parliament	Mitglied des Parlaments, Abgeordneter
mph	miles per hour	Stundenmeilen
Mt	Mount	Berg
NB	Nota Bene, note well	Nota Bene, beachten
NHS	National Health Service	Britisches Gesundheitswesen
no	number	Nr
p	pence; page(s)	Pence; Seite(n)

pa	per annum	pro Jahr
PC	Personal Computer	PC
PM	Prime Minister	Premierminister
pm	post meridiem, after noon	nachmittags
PO	Post Office	Postamt
pto	please turn over	bitte wenden
RAC	Royal Automobile Club	Automobilklub
Rd	Road	Straße
Rev	Reverend	Ehrwürden
Sq	Square	Platz
St	Saint; Street	Sankt; Straße
TV	Television	Fernsehen
UK	United Kingdom	Vereinigtes Königreich (England, Wales, Schottland, Nordirland)
VAT	Value Added Tax	Mehrwertsteuer
YHA	Youth Hostels Association	entspricht dem DJH (Deutsches Jugendherbergswerk)

Das Alphabet

A	a	[eɪ]	J	j	[dʒeɪ]	S	s	[es]
B	b	[biː]	K	k	[keɪ]	T	t	[tiː]
C	c	[siː]	L	l	[el]	U	u	[juː]
D	d	[diː]	M	m	[em]	V	v	[viː]
E	e	[iː]	N	n	[en]	W	w	['dʌbljuː]
F	f	[ef]	O	o	[əʊ]	X	x	[eks]
G	g	[dʒiː]	P	p	[piː]	Y	y	[waɪ]
H	h	[eɪtʃ]	Q	q	[kjuː]	Z	z	[zed]
I	i	[aɪ]	R	r	[ɑː]			

ALLGEMEINES

Der erste Schritt zu einer erfolgreichen und vergnüglichen Reise besteht darin, sich mit den Grundbegriffen einer Sprache vertraut zu machen. Das folgende Kapitel beinhaltet alle Begriffe, die Ihnen auf Ihrer Reise immer wieder begegnen. Insbesondere alles, um sich über das Wetter unterhalten zu können – eine wichtige Voraussetzung für Smalltalk in Großbritannien!

Das Wichtigste in Kürze

Ja.	**Yes.** [jes]
Nein.	**No.** [nəʊ]
Bitte.	**Please.** [pli:z]
Danke!	**Thank you.** ['θæŋkjʊ]
Wie bitte?	**Pardon?** ['pɑ:dn]
Selbstverständlich!	**Of course.** [əv 'kɔ:s]
Einverstanden!	**Agreed!** [ə'gri:d]
Okay!	**OK!** [ˌəʊ'keɪ]
In Ordnung!	**OK!** [ˌəʊ'keɪ]
Verzeihung!	**Excuse me.** [ɪk'skju:z ˌmi:]
Einen Augenblick, bitte!	**Just a minute, please.** [ˌdʒʌst‿ə 'mɪnɪt ˌpli:z]
Genug!	**That's enough!** [ðæts‿ɪ'nʌf]
Hilfe!	**Help!** [help]
Wer?	**Who?** [hu:]

Was?	**What?** [wɒt]
Welcher/Welche/Welches?	**Which?** [wɪtʃ]
Wem?	**Who ... to?** [huː tuː]
Wen?	**Who?** [huː]
Wo?	**Where?** [weə]
Wo ist/Wo sind ...?	**Where's/Where are ...?** [weəz/ˈweərə]
Woher?	**Where ... from?** [weə ˈfrɒm]
Wohin?	**Where ... to?** [weə ˈtʊ]
Warum?	**Why?** [waɪ]
Wozu?	**What ... for?** [ˌwɒt ˈfɔː]
Wie?	**How?** [haʊ]
Wie viel?	**How much?** [ˌhaʊ ˈmʌtʃ]
Wie lange?	**How long?** [ˌhaʊ ˈlɒŋ]
Wann?	**When?** [wen]
Ich möchte...	**I'd like ...** [ˌaɪd ˈlaɪk]
Gibt es ...?	**Is there ...?/Are there ...?** [ˈɪz ðeə/ˈɑːðeə]

Zahlen – Maße – Gewichte

0	**nought** [nɔːt], **zero** [ˈzɪərəʊ]
1	**one** [wʌn]
2	**two** [tuː]
3	**three** [θriː]
4	**four** [fɔː]
5	**five** [faɪv]

6	**six** [sɪks]
7	**seven** ['sevn]
8	**eight** [eɪt]
9	**nine** [naɪn]
10	**ten** [ten]
11	**eleven** [ɪ'levn]
12	**twelve** [twelv]
13	**thirteen** [ˌθɜː'tiːn]
14	**fourteen** [ˌfɔː'tiːn]
15	**fifteen** [ˌfɪf'tiːn]
16	**sixteen** [ˌsɪks'tiːn]
17	**seventeen** [ˌsevn'tiːn]
18	**eighteen** [ˌeɪ'tiːn]
19	**nineteen** [ˌnaɪn'tiːn]
20	**twenty** ['twentɪ]
21	**twenty-one** [ˌtwentɪ'wʌn]
22	**twenty-two** [ˌtwentɪ'tuː]
23	**twenty-three** [ˌtwentɪ'θriː]
24	**twenty-four** [ˌtwentɪ'fɔː]
25	**twenty-five** [ˌtwentɪ'faɪv]
26	**twenty-six** [ˌtwentɪ'sɪks]
27	**twenty-seven** [ˌtwentɪ'sevn]
28	**twenty-eight** [ˌtwentɪ'eɪt]
29	**twenty-nine** [ˌtwentɪ'naɪn]
30	**thirty** ['θɜːtɪ]
31	**thirty-one** [ˌθɜːtɪ'wʌn]
32	**thirty-two** [ˌθɜːtɪ'tuː]
40	**forty** ['fɔːtɪ]
50	**fifty** ['fɪftɪ]
60	**sixty** ['sɪkstɪ]
70	**seventy** ['sevntɪ]

80	**eighty** ['eɪtɪ]
90	**ninety** ['naɪntɪ]
100	**a (one) hundred** [ə ('wʌn) 'hʌndrəd]
101	**a (one) hundred and one** [ə ('wʌn)'hʌndrəd‿ənd 'wʌn]
200	**two hundred** ['tuː 'hʌndrəd]
300	**three hundred** ['θriː 'hʌndrəd]
1000	**a (one) thousand** [ə ('wʌn)'θaʊzənd]
2 000	**two thousand** ['tuː 'θaʊzənd]
3 000	**three thousand** ['θriː 'θaʊzənd]
10 000	**ten thousand** ['ten 'θaʊzənd]
100 000	**a (one) hundred thousand** [ə ('wʌn) 'hʌndrəd 'θaʊzənd]
1 000 000	**a (one) million** [ə ('wʌn) 'mɪljən]
1.	**first** [fɜːst]
2.	**second** ['sekənd]
3.	**third** [θɜːd]
4.	**fourth** [fɔːθ]
5.	**fifth** [fɪfθ]
6.	**sixth** [sɪksθ]
7.	**seventh** ['sevnθ]
8.	**eighth** [eɪtθ]
9.	**ninth** [naɪnθ]
10.	**tenth** [tenθ]
1/2	**a half** [ə 'hɑːf]
1/3	**a (one) third** [ə ('wʌn) 'θɜːd]
1/4	**a (one) quarter** [ə ('wʌn) 'kwɔːtə]
3/4	**three-quarters** ['θriː'kwɔːtəz]
3,5 %	**three point five per cent** ['θriː pɔɪnt 'faɪv pə'sent]
27 °C	**twenty-seven degrees Centigrade** [ˌtwentɪ'sevn dɪ'griːz 'sentɪgreɪd]

–5 °C	**minus five degrees Centigrade** ['maɪnəs 'faɪv dɪ'gri:z 'sentɪgreɪd]
1999	**nineteen ninety-nine** [ˌnaɪn'ti:n 'naɪntɪ'naɪn]
2000	**two thousand** ['tu: 'θaʊzənd]
2001	**two thousand and one** ['tu: 'θaʊzənd‿ənd 'wʌn]
Millimeter	**millimetre** ['mɪlɪˌmi:tə]
Zentimeter	**centimetre** ['sentɪˌmi:tə]
Meter	**metre** ['mi:tə]
Kilometer	**kilometre** ['kɪləˌmi:tə]
Meile	**mile** [maɪl]
Seemeile	**nautical mile** ['nɔ:tɪkl ˌmaɪl]
Quadratmeter	**square metre** [ˌskweə 'mi:tə]
Liter	**litre** ['li:tə]
Gramm	**gram(s)** [græm(z)]
Pfund	**pound(s)** [paʊnd(z)]
Kilogramm	**kilogram(s)** ['kɪləgræm(z)]

Zeitangaben

Uhrzeit

Wie viel Uhr ist es?	**What time is it?** [wɒt 'taɪm‿ɪz‿ɪt]
Es ist (genau/ungefähr) ...	**It's (exactly/about) ...** [ɪts (ɪg'zæktlɪ/ə'baʊt)]
3 Uhr.	**three o'clock.** ['θri:‿ə'klɒk]

5 nach 3.	**five past three.** ['faɪv pɑːst 'θriː]
3 Uhr 10.	**ten past three.** ['ten pɑːst 'θriː]
Viertel nach 3.	**quarter past three.** ['kwɔːtə pɑːst 'θriː]
halb 4.	**half past three.** ['hɑːf pɑːst 'θriː]
Viertel vor 4.	**quarter to four.** ['kwɔːtə tə 'fɔː]
5 vor 4.	**five to four.** ['faɪv tə 'fɔː]
12 Uhr Mittag/ Mitternacht.	**noon/midnight.** [nuːn/'mɪdnaɪt]

Um wie viel Uhr?/ Wann?	**What time?** [ˌwɒt 'taɪm]/ **When?** [wen]
Um 1 Uhr.	**At one o'clock.** [ət 'wʌn‿ə'klɒk]
Um 2 Uhr.	**At two o'clock.** [ət 'tuː‿ə'klɒk]
Gegen 4 Uhr.	**At about four o'clock.** [ət‿ə'baʊt 'fɔːr‿ə'klɒk]
In einer Stunde.	**In an hour's time** [ɪn‿ən‿'aʊəz 'taɪm]
In zwei Stunden.	**In two hours' time.** [ɪn 'tuː 'aʊəz 'taɪm]
Nicht vor 9 Uhr morgens.	**Not before nine a.m.** ['nɒt bɪ'fɔː 'naɪn‿'eɪ'em]
Nach 8 Uhr abends.	**After eight p.m.** ['ɑːftər‿'eɪt 'piː'em]
Zwischen 3 und 4.	**Between three and four.** [bɪ'twiːn 'θriː‿ənd 'fɔː]

Wie lange?	**How long?** ['haʊ 'lɒŋ]
Zwei Stunden (lang).	**For two hours.** [fə 'tuː 'aʊəz]
Von 10 bis 11.	**From ten to eleven.** [frəm 'ten tʊ‿ɪ'levn]
Bis 5 Uhr.	**Till five o'clock.** [tɪl 'faɪv‿ə'klɒk]

Seit wann?	**Since when?** [sɪns 'wen]
Seit 8 Uhr morgens.	**Since eight a.m.** [sɪns‿'eɪt‿'eɪ'em]
Seit einer halben Stunde.	**For half an hour.** [fə 'hɑːf‿ən‿'aʊə]
Seit acht Tagen.	**For a week.** [fər‿ə 'wiːk]

Abenddämmerung	**dusk** [dʌsk], **twilight** [twaɪlaɪt]
abends	**in the evening** [ɪn ðiː‿'iːvnɪŋ]
am Sonntag	**on Sunday** [ɒn 'sʌndeɪ]
am Wochenende	**at the weekend** [ət ðə ˌwiːk'end]
bald	**soon** [suːn]
diese Woche	**this week** [ˌðɪs 'wiːk]
früh	**early** ['ɜːlɪ]
früher	*(eher)* **earlier** ['ɜːlɪə]
gegen Mittag	**about noon/midday/lunchtime** [ə'baʊt 'nuːn/'mɪddeɪ/'lʌntʃtaɪm]
gestern	**yesterday** ['jestədɪ]
heute	**today** [tə'deɪ]
heute Morgen/Abend	**this morning/this evening** [ðɪs 'mɔːnɪŋ/ðɪs‿'iːvnɪŋ]
in einer Woche	**today week** [tə'deɪ 'wiːk]
in 14 Tagen	**in a fortnight's time** [ɪn‿ə 'fɔːtnaɪts 'taɪm]
innerhalb einer Woche	**within a week** [wɪ'ðɪn‿ə 'wiːk]
jeden Tag	**every day** ['evrɪ 'deɪ]
jetzt	**now** [naʊ]
kürzlich	**recently** ['riːsntlɪ]
letzten Montag	**last Monday** ['lɑːst 'mʌndɪ]
manchmal	**sometimes** ['sʌmtaɪmz]
mittags	**at lunchtime** [ət 'lʌnʃtaɪm]
morgen	**tomorrow** [tə'mɒrəʊ]

Morgendämmerung	**dawn** [dɔːn]
morgen früh/Abend	**tomorrow morning/tomorrow evening** [təˈmɒrəʊ ˈmɔːnɪŋ/ təˈmɒrəʊ‿iːvnɪŋ]
morgens	**in the morning** [ɪn ðə ˈmɔːnɪŋ]
nachmittags	**in the afternoon** [ɪn ðɪ‿ɑːftəˈnuːn]
nächstes Jahr	**next year** [ˈnekst ˈjɜː]
nachts	**at night** [ət ˈnaɪt]
Sonnenaufgang	**sunrise** [sʌnraɪz]
Sonnenuntergang	**sunset** [sʌnset]
spät	**late** [leɪt]
später	**later** [ˈleɪtə]
stündlich	**every hour, hourly** [ˈevrɪ‿ˈaʊə, ˈaʊəlɪ]
täglich	**every day, daily** [ˈevrɪ ˈdeɪ, ˈdeɪlɪ]
tagsüber	**during the day** [ˈdjʊərɪŋ ðə ˈdeɪ]
übermorgen	**the day after tomorrow** [ðə ˈdeɪ‿ˈɑːftə təˈmɒrəʊ]
um diese Zeit	**about this time** [əˈbaʊt ðɪs ˈtaɪm]
von Zeit zu Zeit	**from time to time** [frəm ˈtaɪm tə ˈtaɪm]
niemals	**never** [ˈnevə]
vor zehn Minuten	**ten minutes ago** [ˈten ˈmɪnɪts‿əˈgəʊ]
vorgestern	**the day before yesterday** [ðə ˈdeɪ bɪˈfɔː ˈjestədɪ]
vormittags	**during the morning** [ˈdjʊərɪŋ ðə ˈmɔːnɪŋ]

Wochentage

Montag	**Monday** [ˈmʌndɪ]
Dienstag	**Tuesday** [ˈtjuːzdɪ]
Mittwoch	**Wednesday** [ˈwenzdɪ]
Donnerstag	**Thursday** [ˈθɜːzdɪ]

Freitag	**Friday** ['fraɪdɪ]
Samstag	**Saturday** ['sætədɪ]
Sonntag	**Sunday** ['sʌndɪ]

Monate

Januar	**January** ['dʒænjʊərɪ]
Februar	**February** ['febrʊərɪ]
März	**March** [mɑːtʃ]
April	**April** ['eɪprl]
Mai	**May** [meɪ]
Juni	**June** [dʒuːn]
Juli	**July** [dʒuː'laɪ]
August	**August** ['ɔːgəst]
September	**September** [sep'tembə]
Oktober	**October** [ɒk'təʊbə]
November	**November** [nəʊ'vembə]
Dezember	**December** [dɪ'sembə]

Jahreszeiten

Frühling	**spring** [sprɪŋ]
Sommer	**summer** ['sʌmə]
Herbst	**autumn** (*Am* **fall**) ['ɔːtəm (fɔːl)]
Winter	**winter** ['wɪntə]

Feiertage

Neujahr	**New Year's Day** ['nju: jɜ:z 'deɪ]
Karfreitag	**Good Friday** ['gʊd 'fraɪdɪ]
Ostern	**Easter** ['i:stə]
Ostermontag	**Easter Monday** ['i:stə 'mʌndɪ]
Erster Montag im Mai	**May Day Holiday** *(GB)* ['meɪ ˌdeɪ 'hɒlɪdeɪ]
Letzter Montag im Mai	**Spring Bank Holiday** *(GB)* ['sprɪŋ ˌbæŋk 'hɒlɪdeɪ]
4. Juli	**Independence Day** *(US)* [ˌɪndɪ'pendəns ˌdeɪ]
Letzter Montag im August	**August Bank Holiday** *(GB)* ['ɔ:gəst ˌbæŋk 'hɒlɪdeɪ]
Letzter Donnerstag im November	**Thanksgiving** *(US)* ['θæŋksˌgɪvɪŋ]
Heiliger Abend	**Christmas Eve** ['krɪsməs‿'i:v]
Weihnachten	**Christmas** ['krɪsməs]
1. Weihnachtsfeiertag	**Christmas Day** ['krɪsməs 'deɪ]
2. Weihnachtsfeiertag	**Boxing Day** ['bɒksɪŋ ˌdeɪ]
Silvesterabend	**New Year's Eve** ['nju: jɜ:z‿'i:v]

Datum

Den Wievielten haben wir heute?	**What's the date (today)?** ['wɒts ðə 'deɪt (tə'deɪ)]
Heute ist der 1. Mai.	**Today's the first of May (May the first).** [tə'deɪz ðə 'fɜ:st‿əv 'meɪ ('meɪ ðə 'fɜ:st)]

Wetter

Was für ein herrliches/ schreckliches Wetter!	**What wonderful/terrible weather!** ['wɒt wʌndəfʊl/'terəbl weðə]
Es ist kalt/heiß/schwül.	**It's cold/hot/close.** [ɪts 'kəʊld/'hɒt/'kləʊs]
Es ist neblig/windig.	**It's foggy/windy.** [ɪts 'fɒgɪ/'wɪndɪ]
Es bleibt schön/ schlecht.	**It's going to stay fine/bad.** [ɪts 'gəʊɪŋ tə steɪ 'faɪn/'bæd]
Es wird wärmer/kälter.	**It's going to get warmer/colder.** [ɪts 'gəʊɪŋ tə get 'wɔːmə/'kəldə]
Es wird regnen/ schneien.	**It's going to rain/snow.** [ɪts' gəʊɪŋ tə reɪn/'snəʊ]
Es regnet in Strömen.	**It's pouring (down).** [ɪts 'pɔːrɪŋ (daʊn)]
Wie viel Grad haben wir heute?	**What's the temperature today?** [wɒts ðə 'temprətʃə tə'deɪ]
Es ist 20 Grad.	**It's twenty degrees Centigrade.** [ɪts 'twentɪ dɪ'griːz 'sentɪgreɪd]
Ein Sturm tobt/wütet.	**It's blowing a gale.** [ɪts 'bləʊɪŋ‿ə geɪl]
Wie ist der Straßenzustand in ...?	**What are the roads like in ...?** [wɒt‿ə ðə 'rəʊdz laɪk‿ɪn]
Die Straßen sind glatt.	**The roads are icy.** [ðə 'rəʊdz‿ər‿'aɪsɪ]
Die Sicht beträgt nur 20 m/weniger als 50 m.	**Visibility is only 20 metres/less than 50 metres.** [ˌvɪzɪ'bɪlətɪ‿ɪz‿'əʊnlɪ 'twentɪ 'miːtəz/les ðən 'fɪftɪ 'miːtəz]

bewölkt	**cloudy** ['klaʊdɪ]
Blitz	**lightning** ['laɪtnɪŋ]
Bö	**gust of wind** [ˌgʌst‿əv 'wɪnd]

Donner	**thunder** ['θʌndə]
Ebbe	**low tide** ['ləʊ 'taɪd]
Eis	**ice** [aɪs]
feucht	**damp** [dæmp]
Flaute	**calm** [kɑːm]
Flut	**high tide** ['haɪ 'taɪd]
Frost	**frost** [frɒst]
Gewitter	**thunderstorm** ['θʌndəstɔːm]
Hagel	**hail(stones)** [heɪl (stəʊnz)]
heiß	**hot** [hɒt]
Hitze	**heat** [hiːt]
Hitzewelle	**heatwave** ['hiːtweɪv]
kalt	**cold** [kəʊld]
Luft	**air** [eə]
nass	**wet** [wet]
Nebel	**fog** [fɒg]
Nieselregen	**drizzle** ['drɪzl]
Regen	**rain** [reɪn]
Regenschauer	**shower** ['ʃaʊə]
regnerisch	**rainy** ['reɪnɪ]
Schnee	**snow** [snəʊ]
Schneematsch	**slush** [slʌʃ]
Schneeregen	**sleet** [sliːt]
Schneesturm	**blizzard** [blɪzəd]
schwül	**humid** ['hjuːmɪd]
Sonne	**sun** [sʌn]
Sonnenschein	**sunshine** ['sʌnʃaɪn]
sonnig	**sunny** ['sʌnɪ]
Sturm	**storm** ['stɔːm], **gale** [geɪl]
Temperatur	**temperature** ['temprɪtʃə]
warm	**warm** [wɔːm]

wechselhaft	**changeable** ['tʃeɪnʒəbl]
Wettervorhersage	**weather forecast** ['weðə ˌfɔːkaːst]
Wind	**wind** [wɪnd]
Windstärke	**wind-force** ['wɪndfɔːs]
Wolke	**cloud** [klaʊd]
Wolkenbruch	**cloudburst** [klaʊdbɜːst]

Farben

beige	**beige** [beɪʒ]
blau	**blue** [bluː]
braun	**brown** [braʊn]
gelb	**yellow** ['jeləʊ]
golden	**gold** [gəʊld]
grau	**grey** [greɪ]
grün	**green** [griːn]
lila	**purple** ['pɜːpl]
orange	**orange** ['ɒrɪnʒ]
rosa	**pink** [pɪŋk]
rot	**red** [red]
schwarz	**black** [blæk]
silbern	**silver** ['sɪlvə]
türkisfarben	**turquoise** ['tɜːkwɔɪz]
violett	**purple, violet** ['pɜːpl, 'vaɪəlɪt]
weiß	**white** [waɪt]
hell ...	**light ...** [laɪt]
dunkel ...	**dark ...** [dɑːk]
farbig	**coloured** ['kʌləd]
einfarbig	**plain** [pleɪn]

Auf Höflichkeit legen Engländer großen Wert. Mit den folgenden Formulierungen können Sie sich in jeder Situation höflich ausdrücken.
Aufgepasst: Please heißt zwar „bitte", aber nicht „bitte schön". Wenn Sie einem anderen etwas geben, sagt man Here you are oder There you are. Auch als Anwort auf thank you darf man nicht please für „bitte sehr" oder „gern geschehen" sagen, sondern Don't mention it oder You're welcome.

Begrüßung und Verabschiedung

Begrüßung

In Großbritannien grüßt man sich üblicherweise nicht mit einem Händedruck. Man gibt sich nur die Hand beim ersten Kennenlernen, um zu gratulieren, oder nach einem Sportwettkampf ... Freunde und Bekannte grüßen sich meistens mit einem lockeren hi oder hello.

Guten Morgen/Tag!	**Good morning/afternoon!** [gʊd 'mɔːnɪŋ/ˌɑːftə'nuːn]
Guten Abend!	**Good evening.** [gʊd‿'iːvnɪŋ]
Hallo!/Grüß dich!	**Hello/Hi!** [hə'ləʊ/haɪ]
Wie ist Ihr Name?/ Wie heißt du?	**What's your name?** [wɒts jɔː 'neɪm]
Ich heiße ...	**My name's ...** [maɪ neɪmz]

Wie geht es Ihnen?/ Wie geht's?	**How are you?** [haʊ‿'ɑː jʊ/haʊ‿ə 'jʊ]
Danke. Und Ihnen/dir?	**Fine thanks. And you?** ['faɪn θæŋks. ənd 'jʊ]

Vorstellung

Die Briten benutzen Vornamen zwar nicht ganz so schnell wie die Amerikaner, aber häufiger als Deutsche und andere Kontinentaleuropäer.

Darf ich bekannt machen?	**May I introduce you?** ['meɪ‿ɑɪ‿ɪntrə'djuːs jʊ]
Das ist ...	**This is ...** ['ðɪs‿ɪz]
Frau X. / Fräulein X.	**Mrs X.** ['mɪsɪz] / **Miss X.** [mɪs]
Herr X.	**Mr X.** ['mɪstə]
mein Mann.	**My husband.** [maɪ 'hʌzbənd]
meine Frau.	**My wife.** [maɪ 'waɪf]
mein Sohn.	**My son.** [maɪ 'sʌn]
meine Tochter.	**My daughter.** [maɪ 'dɔːtə]
mein Freund/meine Freundin.	**My boyfriend/girlfriend.** [maɪ 'bɔɪfrend/'gɜːlfrend]
Angenehm	**How do you do?** [haʊ du jʊ du]

How do you do? ist keine Frage als solche. Man erwartet auch How do you do? als Antwort.

Nett, Sie kennen zu lernen.	**Nice to meet you.** [naɪs tə miːt jʊ]

Abschied

Auf Wiedersehen!	**Goodbye/Bye-bye!** [ˌgʊd'baɪ/ˌbaɪ'baɪ]
Bis bald!	**See you soon!** ['siː jʊ 'suːn]
Bis später!	**See you later!** ['siː jʊ 'leɪtə]
Bis morgen!	**See you tomorrow!** ['siː jʊ tə'mɒrəʊ]
Gute Nacht!	**Good night!** [ˌgʊd 'naɪt]
Tschüs!	**Cheerio!** [ˌtʃɪərɪ'əʊ]
Gute Reise!	**Have a good journey.** ['hæv‿ə gʊd 'dʒɜːnɪ]

Höflichkeit

Bitte und Dank

Bitte.	**Please.** [pliːz]
Ja, bitte.	**Yes, please.** [ˌjes 'pliːz]
Nein, danke!	**No, thank you.** [ˌnəʊ 'θæŋkjʊ]
Gestatten Sie?	**May I?** ['meɪ‿aɪ]
Hätten Sie was dagegen, wenn ich ...?	**Do you mind if I ...?** [du jʊ maɪnd ɪf aɪ]
Können Sie mir bitte helfen?	**Can you help me, please?** ['kən jʊ 'help mɪ pliːz]

Danke!	**Thank you.** ['θæŋkjʊ]
Danke, sehr gern!	**Yes, thank you.** ['jes 'θæŋkjʊ]
Das ist nett, danke.	**That's very kind of you, thank you.** [ðæts 'verɪ 'kaɪnd‿əv jʊ 'θæŋkjʊ]
Bitte sehr./Gern geschehen.	**Don't mention it./You're welcome.** [dəʊnt 'menʃn‿ɪt/jɔː 'welkəm]

Entschuldigung

Entschuldigung!	**I'm sorry!** [aɪm 'sɒrɪ]
Es war nicht so gemeint.	**I didn't mean it.** [aɪ 'dɪdnt 'miːn‿ɪt]
Ich bitte um Verzeihung!	**I beg your pardon!** [aɪ beg jɔː 'pɑːdn]
Das ist leider nicht möglich.	**I'm afraid that's impossible.** [aɪm‿ə'freɪd ðæts‿ɪm'pɒsəbl]

Glückwunsch

Herzlichen Glückwunsch!	**Congratulations!** [kəŋgrætjʊ'leɪʃnz]
Alles Gute zum Geburtstag!	**Happy birthday!** ['hæpɪ 'bɜːθdeɪ]
Alles Gute!	**All the best!** [ɔːl ðə best]
Viel Erfolg!/Viel Glück!	**Good luck!** ['gʊd 'lʌk]
Gute Besserung!	**Get well soon!** ['get ˌwel 'suːn]

Meinung und Gefühle

Zustimmung

Gut.	**Good.** ['gʊd]
Richtig.	**Right.** [raɪt]
Genau.	**Precisely.** [prɪ'saɪslɪ] **Exactly.** [ɪg'zæktlɪ]
Das stimmt.	**That's right.** [ðæts raɪt]
Das finde ich (sehr) gut.	**I think that's a (very) good idea.** [aɪ θɪŋk ðæts‿ə (verɪ) gʊd aɪ'dɪə]
Mit Vergnügen!	**With pleasure.** [wɪð 'pleʒə]

Ablehnung

Ich will nicht.	**I don't want to.** [aɪ 'dəʊnt 'wɒnt‿tʊ]
Dazu habe ich keine Lust.	**I have no desire to do that.** [aɪ 'hæv nəʊ dɪ'zaɪə tə du ðæt]
Ich bin nicht einverstanden.	**I can't agree to that.** [aɪ 'kɑːnt ə'griːtə ðæt]
Das kommt nicht in Frage!	**That's out of the question.** [ðæts‿'aʊt‿əv ðə 'kwestʃn]
Auf gar keinen Fall!	**Certainly not!** ['sɜːtnlɪ 'nɒt] **No way!** [nəʊ weɪ]

Vorlieben

Das gefällt mir (nicht).	**I (don't) like it.** [aɪ ('dəʊnt) 'laɪk‿ɪt]
Ich möchte lieber ...	**I'd prefer ...** [aɪd prɪ'fɜː]
Ich wäre nicht abgeneigt ...	**I wouldn't mind ...** [aɪ wʊdnt maɪnd]
Am liebsten wäre mir ...	**I'd really like ...** [aɪd 'rɪəlɪ laɪk]

Unentschiedenheit

Das ist mir egal.	**I don't care.** [aɪ 'dəʊnt kɛə]
Ich weiß noch nicht.	**I don't know yet.** [aɪ 'dəʊnt 'nəʊ jet]
Vielleicht.	**Perhaps./Maybe.** [pə'hæps/'meɪbiː]
Wahrscheinlich.	**Probably.** ['prɒbəblɪ]

Freude – Begeisterung

Großartig!	**Great!** [greɪt]
Prima!	**Fine!** [faɪn]
Toll!	**Fantastic!** [fæn'tæstɪk]
Super!	**Super!** [suːpə]

Erstaunen – Überraschung

Ach so!	**Well I never!** [wel aɪ 'nevə]
Wirklich?	**Really?** [rɪəlɪ]
Unglaublich!	**Incredible!** [ɪnkredəbl]

Ärger

Das ist ärgerlich.	**How annoying!** [haʊ ə'nɔɪɪŋ]
So ein Mist.	**What a nuisance!** [wɒt‿ə 'nju:sns]
Jetzt reicht's!	**I've had enough of this!** [aɪv hæd ɪ'nʌf əv ðɪs]

Bedauern – Enttäuschung

Oh je!	**Oh dear!** [əʊ dɪə]
Es tut mir Leid.	**I'm so sorry!** [aɪm 'səʊ 'sɒrɪ]
Schade!	**What a pity!** [ˌwɒt‿ə 'pɪtɪ]

Komplimente

Wie herrlich!	**That's fantastic!** [ðæts fæn'tæstɪk]
Wie nett von Ihnen!	**How nice of you!** [haʊ naɪs‿əv jʊ]
Es ist wirklich traumhaft hier!	**It really is lovely here!** [ɪt rɪəlɪ ɪz'lʌvlɪ hɪə]
Was für ein niedliches Kind.	**What a lovely child.** [ˌwɒt‿ə 'lʌvlɪ tʃaɪld]
Sie sprechen aber sehr gut Englisch/Deutsch.	**Well, you speak very good English/ German.** [wel jʊ spiːk verɪ gʊd 'ɪŋglɪʃ/ 'dʒɜːmən]
Wir haben uns bei Ihnen sehr wohl gefühlt.	**We felt very welcome here.** [wɪ felt verɪ welkəm hɪə]

angenehm	**pleasant** [pleznt]
beeindruckend	**impressive** [ɪm'presɪv]
freundlich	**friendly** [frendlɪ]
gemütlich	**cosy** ['keʊzɪ]
hinreißend	**gorgeous** ['gɔːdʒəs]
hübsch	**pretty** ['prɪtɪ]
köstlich	**delicious** [dɪ'lɪʃəs]
lecker	**tasty** ['teɪstɪ]
liebenswürdig	**kind** ['kaɪnd]
schön	**lovely** ['lʌvlɪ]

Smalltalk

Angaben zur Person

Wie alt sind Sie/bist du?	**How old are you?** [haʊ‿ˈəʊld‿ə jʊ]
Ich bin 39.	**I'm thirty-nine.** [aɪm ˌθɜːtɪˈnaɪn]
Was machen Sie/machst du beruflich?	**What do you do for a living?** [ˈwɒt djʊ duː fər‿ə ˈlɪvɪŋ]
Ich bin ...	**I'm a ...** [aɪm‿ə]
Ich arbeite bei ...	**I work for ...** [aɪ wɜːk fə(r)]
Ich bin Rentner/in.	**I'm retired.** [aɪm rɪˈtaɪəd]
Ich gehe noch zur Schule.	**I'm still at school.** [aɪm ˈstɪl‿ət ˈskuːl]
Ich bin Student/in.	**I'm a student.** [aɪm‿ə ˈstjuːdənt]

Herkunft und Aufenthalt

Woher kommen Sie/kommst du?	**Where are you from?** [ˈweərə jʊ ˈfrɒm]
Ich bin aus ...	**I'm from ...** [aɪm frəm]
Sind Sie/Bist du schon lange hier?	**Have you been here long?** [həv jʊ bɪn hɪə ˈlɒŋ]
Ich bin seit ... hier.	**I've been here since ...** [aɪv ˈbɪn hɪə sɪns]
Wie lange bleiben Sie/bleibst du?	**How long are you staying?** [ˈhaʊ ˈlɒŋ‿ə jʊ ˈsteɪɪŋ]

Sind Sie/Bist du zum ersten Mal hier? — **Is this your first time here?** [ɪz ðɪs jɔː 'fɜːst 'taɪm hɪə]

Wie finden Sie es? — **What do you think of it?** [wɒt djʊ θɪŋk əv ɪt]

Familie

Sind Sie verheiratet? — **Are you married?** [ɑː jʊ 'mærɪd]

Haben Sie Kinder? — **Do you have any children?** [du jʊ 'hæv 'enɪ 'tʃɪldrən]

Ja, aber sie sind schon groß. — **Yes, but they're all grown up.** [jes bʌt ðeə ɔːl grəʊn 'ʌp]

Wie alt ist Ihr Sohn / Ihre Tochter? — **How old is your son/daughter?** [haʊ‿'əʊld‿ɪz jɔː sʌn/dɔːtə]

Er/Sie ist 12. — **He/She is twelve.** [hiː/ʃiː‿ɪz twelv]

Hobbys ➢ **auch Kap. Bade-, Aktiv- und Kreativurlaub**

Was für Hobbys haben Sie/hast du? — **What are your hobbies?** ['wɒtə jɔː 'hɒbɪz]

Ich verbringe viel Zeit mit meinen Kindern. — **I spend a lot of time with my children.** [aɪ spend‿ə lɒt‿əv 'taɪm wɪð maɪ 'tʃɪldrən]

Ich singe in einem Chor. — **I sing in a choir.** [aɪ sɪŋ ɪn‿ə kwaɪə]

Ich spiele Klavier/Gitarre/Geige. — **I play the piano/guitar/violin.** [aɪ pleɪ ðə 'pjænəʊ/gɪ'tɑː/vaɪə'lɪn]

Ich bastele gern.	**I like working with my hands.** [aɪ 'laɪk wɜ:kɪŋ wɪð maɪ hændz]
Ich male ein wenig.	**I do a little painting.** [aɪ du ‿ə lɪtl 'peɪntɪŋ]
Ich sammle Antiquitäten/Briefmarken/Postkarten.	**I collect antiques/stamps/postcards.** [aɪ kə'lekt æn'ti:ks/stæmps/'pəʊskɑ:dz]
Ich interessiere mich für ...	**I'm interested in ...** [aɪm 'ɪntrɪstɪd ɪn]
Ich bin bei ... aktiv.	**I'm active in ...** [aɪm 'æktɪv ɪn]

im Garten arbeiten	**gardening** ['gɑ:dnɪŋ]
faulenzen	**lazing around** [leɪzɪŋ ə'raʊnd]
fernsehen	**watching television** [wɒtʃɪŋ telɪˌvɪʒn]
Internet surfen	**surfing/browsing on the Internet** [sɜ:fɪŋ/braʊzɪŋ ɒn ðə ɪntə'net]
Karten/Schach/Computerspiele spielen	**playing cards/chess/computer games** ['pleɪɪŋ kɑ:dz/tʃes/kəm'pju:tə geɪmz]
kochen	**cooking** [kʊkɪŋ]
lesen	**reading** ['ri:dɪŋ]
malen	**painting** ['peɪntɪŋ]
Musik hören	**listening to music** ['lɪsnɪŋ tə'mju:zɪk]
musizieren	**making music** ['meɪkɪŋ'mju:zɪk]
schreiben	**writing** ['raɪtɪŋ]
spielen	**playing games** ['pleɪɪŋ geɪmz]
zeichnen	**drawing** ['drɔ:ɪŋ]

Fitness ➢ **auch Kap. Bade-, Aktiv- und Kreativurlaub**

Wie halten Sie sich fit?	**How do you keep fit?** [haʊ du jʊ 'ki:p fɪt]
Ich jogge/schwimme/fahre Rad.	**I go jogging/swimming/cycling.** [aɪ gəʊ dʒɒgɪŋ/'swɪmɪŋ/'saɪklɪŋ]

Ich spiele einmal in der Woche Squash/Tennis/Golf.	**I play squash/tennis/golf once a week.** [aɪ pleɪ skwɒʃ/'tenɪs/gɒlf wʌns‿ə 'wi:k]
Welchen Sport treiben Sie?	**What sport do you go in for?** ['wɒt 'spɔ:t djʊ gəʊ‿'ɪn fɔ:]
Ich spiele ...	**I play ...** [aɪ pleɪ]
Ich bin ein Fan von ...	**I'm a ... fan.** [aɪm ə ... fæn]
Ich gehe gern ...	**I like to go to ...** [aɪ 'laɪk tə gəʊ tʊ]
Kann ich mitspielen?	**Can I play too?** [kən‿'aɪ pleɪ 'tu:] **Can I join in?** [kən‿'aɪ dʒɔɪn ɪn]

Verabredung

Haben Sie / Hast du morgen schon etwas vor?	**Have you got any plans for tomorrow?** [həv jʊ gɒt‿ˌenɪ 'plænz fə tə'mɒrəʊ]
Wollen wir zusammen hingehen?	**Shall we go together?** ['ʃəl wɪ gəʊ tə'geðə]
Wollen wir heute Abend gemeinsam etwas unternehmen?	**Shall we go out together this evening?** ['ʃəl wɪ gəʊ 'aʊt tə'geðə ðɪs‿'i:vnɪŋ]
Darf ich Sie/dich zum Essen einladen?	**Can I invite you for a meal?** [kən‿aɪ‿ɪn'vaɪt‿jʊ fər‿ə 'mi:l]
Wann treffen wir uns?	**When shall we meet?** ['wen ʃəl wɪ 'mi:t]

Treffen wir uns um 9 Uhr vor .../im ...	**Let's meet at 9 o'clock in front of/in ...** ['lets 'mi:t‿ət 'naɪnə'klɒk ɪn 'frʌnt‿əv/in]
Ich hole Sie/dich ab.	**I'll pick you up.** [aɪl pɪk jʊ 'ʌp]
Kann ich Sie/dich wieder sehen?	**Can I see you again?** [kən‿aɪ si:‿jʊ‿ə'gen]
Vielen Dank für den netten Abend.	**Thank you so much for a pleasant evening.** ['θæŋkjʊ 'səʊ 'mʌtʃ fər‿ə 'pleznt 'i:vnɪŋ]

Flirt

Du hast wunderschöne Augen.	**You have lovely eyes.** [jʊ 'hæv lʌvlɪ aɪz]
Mir gefällt, wie du lachst.	**I like the way you laugh.** [aɪ 'laɪk ðə weɪ jʊ lɑ:f]
Du lächelst so schön.	**You have a lovely smile.** [jʊ 'hæv ‿ə lʌvlɪ smaɪl]
Du gefällst mir.	**I like you.** [aɪ 'laɪk jʊ]
Ich mag deinen Humor.	**I like your sense of humour.** [aɪ 'laɪk jʊr sens‿əv hju:mə]
Ich mag dich.	**I like you a lot.** [aɪ 'laɪk jʊ‿ə lɒt]
Ich finde dich ganz toll.	**I think you're great.** [aɪ θɪŋk jɔ: greɪt]
Ich bin verrückt nach dir.	**I'm crazy/mad about you.** [aɪm 'kreɪzɪ/mæd ə'baʊt jʊ]
Ich liebe dich!	**I love you.** [aɪ lʌv jʊ]

Hast du einen festen Freund/eine feste Freundin?	**Do you have a steady boyfriend/ girlfriend?** [du jʊ 'hæv‿ə stedɪ bɔɪfrend/ 'gɜːlfrend]
Ich möchte gerne die Nacht mit dir verbringen.	**I'd like to spend the night with you.** [ˌaɪd 'laɪk tə spend ðə naɪt wɪð jʊ]
Bei dir oder bei mir?	**Your place or mine?** [jɔː 'pleɪs ɔː maɪn]
Ich möchte mit dir schlafen.	**I'd like to sleep with you.** [ˌaɪd 'laɪk tə 'sliːp wɪð jʊ]
Vielleicht später.	**Maybe later.** ['meɪbiː leɪtə]
Nein, das geht mir zu schnell.	**No, that's too soon for me.** [nəʊ ðæts tuː suːn fə mɪ]
Ich möchte eigentlich nur kuscheln.	**Actually, I only want to cuddle.** ['æktjʊəlɪ aɪ‿'əʊnlɪ wɒnt‿tʊ 'kʌdl]
Finger weg!	**Hands off!** [hændz ɒf]
Aber nur mit Kondom!	**But only with a condom.** [bʌt 'əʊnlɪ wɪð‿ə kɒndɒm]
Wo kann ich welche kaufen?	**Where can I buy some?** [weə kən‿aɪ baɪ sʌm]
Hat es dir gefallen?	**Did you enjoy it?** [dɪd‿jʊ‿ɪn'dʒɔɪ‿ɪt]
Es war wunderschön.	**It was lovely.** [ɪt wɒz lʌvlɪ]
Wann kann ich dich wieder sehen?	**When can I see you again?** [wen kən‿'aɪ siː‿jʊ‿ə'gen]
Bitte geh jetzt!	**Please go now.** [pliːz gəʊ naʊ]
Zisch ab!	**Get lost!** [get lɒst]
Lassen Sie mich bitte in Ruhe!	**Please leave me alone.** ['pliːz liːv miː‿ə'ləʊn]

Verständigungsschwierigkeiten

Wie bitte?	**Pardon?** ['pɑːdn]
Ich verstehe Sie nicht. Bitte wiederholen Sie es.	**I don't understand. Would you repeat that, please?** [aɪ 'dəʊnt‿ʌndə'stænd. 'wʊd jʊ rɪ'piːt ðæt pliːz]
Bitte sprechen Sie etwas langsamer.	**Would you speak a bit more slowly, please?** ['wʊd jʊ spiːk‿ə'bɪt mɔː 'sləʊlɪ pliːz]
Ich verstehe.	**I understand.** [aɪ‿ʌndə'stænd]
Sprechen Sie/Sprichst du ...	**Do you speak ...** [djʊ spiːk]
Deutsch?	**German?** ['dʒɜːmən]
Englisch?	**English?** ['ɪŋglɪʃ]
Französisch?	**French?** ['frenʃ]
Ich spreche nur wenig ...	**I only speak a bit of ...** [aɪ‿'əʊnlɪ spiːk‿ə'bɪt‿əv]
Kannst du/Können Sie das für mich übersetzen?	**Can you translate that for me, please?** ['kən jʊ trænz'leɪt ðæt fə mɪ pliːz]
Wie heißt das auf ...?	**How do you say that in ...?** [haʊ du jʊ seɪ ðæt in]
Schreiben Sie es mir bitte auf!	**Would you write it down for me, please?** ['wʊd jʊ raɪt‿ɪt 'daʊn fə mɪ pliːz]

Die Briten geben gerne und bereitwillig Auskunft. In Londen wird von einem Touristen geradezu erwartet, dass er nach dem Weg fragt.
Die sprichwörtliche Höflichkeit der Briten ist auch im Autoverkehr spürbar. Es wird zwar gedrängelt und gehupt, aber weniger als in anderen Ländern. Die Bereitschaft, jemanden einfädeln zu lassen, ist deutlich ausgeprägter.
Abgesehen von der Tatsache, dass in Großbritannien Linksverkehr herrscht, gelten beim Autofahren dieselben regeln wie im übrigen Europa. Nichtsdestotrotz hat der Straßenverkehr in Großbritannien einige Besonderheiten vorzuweisen. An Stelle von Ampeln *(traffic lights)* gibt es häufig Kreisverkehr *(roundabouts)*; alle Autobahnen und viele andere Straßen sind an den Rändern und in der Mitte mit „Katzenaugen" *(cats' eyes)* bestückt, in Asphalt eingebettete, reflektierende Kügelchen, die besonders nachts für ein Mehr an Fahrsicherheit sorgen. Die Promillegrenze *(legal alcohol limit)* liegt bei 0,8. Aufgepasst: Es werden regelmäßig Kontrollen durchgeführt. Auch Radarkontrollen *(radar speed checks)* sind gang und gäbe.

Fragen nach dem Weg

Ortsangaben

links	**left** [left]
rechts	**right** [raɪt]
geradeaus	**straight on** [streɪt‿'ɒn]
vor	**in front of** [ɪn 'frʌnt‿əv]

hinter	**behind** [bɪ'haɪnd]
auf der rechten/linken Seite	**on the left-hand/right-hand side** [ɒn ðə lefthænd/raɪt hænd saɪd]
neben	**next to** ['nekstʊ]
(schräg) gegenüber	**(diagonally) opposite** [(daɪ'ægənəlɪ)'ɒpəzɪt]
hier	**here** [hɪə]
Ecke	**corner** [kɔːnə]
dort	**there** [ðeə]
nah	**near** [nɪə]
in der Nähe (von)	**in the vicinity (of)** [ɪn ðə vɪ'sɪnɪtɪ (əv)]
weit	**far** [fɑː]
nach	**after** ['ɑːftə]
Ampel	**traffic lights** ['træfɪk ˌlaɪts]
zwischen	**between** [bɪ'twiːn]
Straße	**street, road** [striːt, rəʊd]
Gasse	**alley, lane** ['ælɪ, leɪn]
Kreuzung	**crossroads, junction** ['krɒsrəʊdz, 'dʒʌŋʃn]
Kurve	**bend** [bend]

Wegbeschreibung

Entschuldigung, wie komme ich bitte nach ...?	**Excuse me, how do I get to ..., please?** [ɪks'kjuːz‿'miː 'haʊ dʊ‿aɪ get tʊ ... ˌpliːz]
Immer geradeaus bis ...	**Straight on until you get to ...** ['streɪt‿'ɒn‿ən'tɪl jʊ get tʊ]
Dann bei der Ampel links/rechts abbiegen.	**Then turn left/right at the traffic lights.** ['ðen tɜːn 'left/ 'raɪt ət ðə 'træfɪk ˌlaɪts]

Folgen Sie den Schildern.	**Follow the signs.** ['fɒləʊ ðə 'saɪnz]
Wie weit ist das?	**How far is it?** ['haʊ 'fɑːr‿ɪz‿ɪt]
Ungefähr zwei Kilometer.	**About two kilometres.** [ə'baʊt tuː 'kɪləˌmiːtəz]
Es ist ganz in der Nähe.	**It's very near here.** [ɪts verɪ nɪə hɪə]
Bitte, ist das die Straße nach ...?	**Excuse me, is this the road to ...?** [ɪks'kjuːz‿'miː ɪz 'ðɪs ðə rəʊd tʊ]
Bitte, wo ist ...?	**Excuse me, where's ..., please?** [ɪks'kjuːz 'miː 'weəz ... pliːz]
Tut mir Leid, das weiß ich nicht.	**I'm sorry, I don't know.** [aɪm 'sɒrɪ aɪ 'dəʊnt 'nəʊ]
Gehen Sie geradeaus.	**Go straight on.** [gəʊ 'streɪt‿'ɒn]
Gehen Sie nach links/nach rechts.	**Turn left/right.** [tɜːn 'left/'raɪt]
Erste/Zweite Straße links/rechts.	**The first/second street on the left/right.** [ðə 'fɜːst/'seknd striːt ɒn ðə 'left/'raɪt]
Überqueren Sie ...	**Cross ...** ['krɒs]
die Brücke.	**the bridge.** [ðə 'brɪdʒ]
den Platz.	**the square.** [ðə 'skweə]
die Straße.	**the street.** [ðə 'striːt]
Bitte zeigen Sie mir auf der Karte.	**Please show me on the map.** [pliːz ʃəʊ mɪ‿ɒn ðə 'mæp]
Es ist ganz am Ende/Anfang ...	**It's right at the end/beginning ...** [ɪts raɪt ət ðɪ‿'end/bɪ'gɪnɪŋ]
Sie nehmen am besten den Bus Nr. ...	**The best thing would be to take the number ... bus.** [ðə best θɪŋ wʊd biː tə teɪk ðə 'nʌmbə ... bʌs]

An der Grenze

Passkontrolle

Ihren Pass, bitte!	**Your passport, please.** [jɔː 'pɑːspɔːt pliːz]
Haben Sie ein Visum?	**Have you got a visa?** [həv jʊ gɒt‿ə 'viːzə]
Kann ich das Visum hier bekommen?	**Can I get a visa here?** [kən‿aɪ get‿ə 'viːzə 'hɪə]

Zollkontrolle

Haben Sie etwas zu verzollen?	**Have you got anything to declare?** [həv jʊ gɒt‿'enɪθɪŋ tə dɪ'kleə]
Fahren Sie bitte rechts/links heran.	**Pull over to the right/the left, please.** ['pʊl 'əʊvə tə ðə 'raɪt/ðə 'left pliːz]
Öffnen Sie bitte den Kofferraum/diesen Koffer.	**Open the boot (*Am* trunk)/this case, please.** ['əʊpən ðə 'buːt ('trʌnk)/'ðɪs 'keɪs pliːz]
Muss ich das verzollen?	**Do I have to pay duty on this?** ['dʊ‿aɪ hæv‿tə peɪ 'djuːtɪ ɒn ðɪs]

Personalien

Familienname	**surname** ['sɜːneɪm]
Familienstand	**marital status** ['mærɪtl 'steɪtʌs]
ledig	**single** ['sɪŋgl]
verheiratet	**married** ['mærɪd]
verwitwet	*(Frau)* **widow** ['wɪdəʊ], *(Mann)* **widower** ['wɪdəʊə]
Geburtsdatum	**date of birth** ['deɪt‿əv 'bɜːθ]
Geburtsname	**maiden name** ['meɪdn neɪm]
Geburtsort	**place of birth** ['pleɪs‿əv 'bɜːθ]
Personalien	**particulars** [pə'tɪkjʊləz]
Staatsangehörigkeit	**nationality** [ˌnæʃə'nælɪtɪ]
Vorname	**Christian name, first name** ['krɪstjən neɪm, 'fɜːst neɪm]
Wohnort	**place of residence** [ˌpleɪs‿əv 'rezɪdəns]

Grenze

Ausreise	**on leaving the country** [ɒn 'liːvɪŋ ðə 'kʌntrɪ]
Einreise	**on entering the country** [ɒn 'entəɪŋ ðə 'kʌntrɪ]
EU-Bürger	**EU citizen** [iː jʊː 'sɪtɪzn]
Führerschein	**driving licence** ['draɪvɪŋ 'laɪsns]
Grenze, Grenzübergang	**border** ['bɔːdə]
grüne Versicherungskarte	**green card** ['griːn 'kɑːd]
gültig	**valid** ['vælɪd]
internationaler Impfpass	**international vaccination certificate** [ˌɪntə'næʃənl ˌvæksɪ'neɪʃn sə'tɪfɪkɪt]

Nationalitätskennzeichen	**international car index mark** [ˌɪntəˈnæʃənl ˈkɑːr‿ˌɪndeks mɑːk]
Nummernschild	**number plate** [ˈnʌmbə pleɪt]
Passkontrolle	**passport control** [ˈpɑːspɔːt kənˈtrəʊl]
Personalausweis	**identity card** [aɪˈdentɪtɪ kɑːd]
Reisepass	**passport** [ˈpɑːspɔːt]
Visum	**visa** [ˈviːzə]
Zoll	*(Amt)* **customs** [ˈkʌstəmz]; *(Gebühr)* **duty** [ˈdjuːtɪ]
zollfrei	**duty-free** [ˈdjuːtɪ ˈfriː]
Zollgebühren	**duties** [ˈdjuːtɪz]
zollpflichtig	**liable to duty** [ˈlaɪəbl tə ˈdjuːtɪ]

Auto und Motorrad

Reisewege, Vorschriften ...

Ausfahrt	**exit** [ˈegzɪt]
Autobahn	**motorway** [ˈməʊtəweɪ]
Autobahngebühren	**motorway toll** [ˈməʊtəweɪ təʊl]
Bußgeld	**fine** [faɪn]
Fahrspur	**lane** [leɪn]
Geschwindigkeitsbegrenzung	**speed limit** [spiːd ˈlɪmɪt]
Hauptstraße	**main street** [ˈmeɪn ˈstriːt]
Kreisverkehr	**roundabout** [raʊndəˈbaʊt]
Landstraße	**country road, B road** [ˈkʌntrɪ ˌrəʊd, ˈbiːrəʊd]
Promillegrenze	**legal alcohol limit** [ˈlɪːgl ˈælkəhɒl ˈlɪmɪt]

Radarkontrolle	**radar speed check** ['reɪdɑː 'spiːd tʃek]
Rastplatz	**service station** ['sɜːvɪs steɪʃn]
Raststätte	**services** ['sɜːvɪsɪz]
Schnellstraße	**dual carriageway** ['djʊəl kærɪdʒ'weɪ]
Stau	**traffic jam, tailback, gridlock** ['træfɪk dʒæm, teɪlbæk, grɪdlɒk]
Straßenbenutzungsgebühr	**road toll** [rəʊd təʊl]
trampen	**hitchhike** ['hɪtʃhaɪk]
Wegweiser	**sign** [saɪn]

Hinweise und Informationen

By-Pass	Umgehungsstraße
Car Park	Parkplatz
Caution	Achtung, Vorsicht
Change Lane	Fahrbahn wechseln
Children Crossing	Schulkinder überqueren
Closed to all Vehicles	Gesperrt für alle Fahrzeuge
Crossing – No Gates	Unbeschränkter Bahnübergang
Danger	Gefahr
Dangerous Bend	Gefährliche Kurve
Dangerous Junction	Gefährliche Einmündung
Dead End	Sackgasse
Diversion	Umleitung
Drive Slowly	Langsam fahren
Dual Carriageway	Schnellstraße
Exit	Ausfahrt
Get in Lane	Bitte einordnen
Give Way	Vorfahrt beachten
Hairpin Bend	Haarnadelkurve
Hospital	Krankenhaus
Junction	Einmündung

Keep Clear	Ausfahrt frei halten
Keep Right (Left)	Rechts (Links) fahren
Lay-By	Parkplatz *(z. B. an Autobahnen)*
L = ***Learner***	Anfänger
Low Bridge	Niedrige Brücke
Major Road Ahead	Achtung Hauptverkehrsstraße
No Entry	Keine Einfahrt
No Overtaking	Überholen verboten
No Parking	Parken verboten
No Stopping	Halten verboten
No U-Turn	Wenden verboten
No Waiting	Parkverbot (Halten erlaubt)
One-Way Street	Einbahnstraße
Parking	Parkplatz
Pedestrian Precinct	Fußgängerzone
Pedestrian Subway	Fußgängerunterführung
Reduce Speed	Langsamer fahren
Road Narrows	Fahrbahnverengung
Road Works	Straßenarbeiten
Roundabout	Kreisverkehr
School	Schule
Single Lane Traffic	Einspuriger Verkehr
Slippery Road	Rutschgefahr
Slow Down	Langsamer fahren
Speed Limit	Geschwindigkeitsbegrenzung
Steep Hill	Starkes Gefälle
Traffic Jam	Verkehrsstau
Traffic Signals Ahead	Signalanlage (Vorwarnung)
Two-Way Traffic	Zweispuriger Verkehr (Gegenverkehr)
Waiting Limited	Begrenztes Parkverbot (Kurzparkzone)
Zebra Crossing	Zebrastreifen

An der Tankstelle ➢ **auch Werkstatt**

Wo ist bitte die nächste Tankstelle?	**Where's the nearest garage/petrol station, please?** ['weəz ðə 'nɪərɪst 'gærɑ:dʒ/'petrəlsteɪʃn pli:z]
Ich möchte ... Liter	**... litres of ...** ['li:təz‿əv]
Normalbenzin.	**three-star,** ['θri:stɑ:]
Super.	**four-star,** ['fɔ:stɑ:]
Diesel.	**diesel,** ['di:zl]
Gemisch.	**two-stroke mix,** [tu:strəuk mɪks]
bleifrei/verbleit.	**unleaded/leaded, please.** [ˌʌn'ledɪd/ledɪd pli:z]
Super bitte, für 10 Pfund.	**Four-star, please. For ten pounds.** ['fɔ:stɑ: pli:z fɔ: ten paʊndz]
Voll tanken, bitte.	**Fill her up, please.** ['fɪl‿ər‿'ʌp pli:z]
Prüfen Sie bitte den Ölstand.	**Please check the oil.** [pli:z tʃek ðɪ‿'ɔɪl]
Ich möchte eine Straßenkarte dieser Gegend, bitte.	**I'd like a road map of this area, please.** [aɪd laɪk‿ə 'rəʊd mæp‿əv ðɪs‿'eərɪə pli:z]

Parken

Gibt es hier in der Nähe eine Parkmöglichkeit?	**Is there a car park near here?** [ɪz ðeər‿ə 'kɑ:pɑ:k nɪə hɪə]
Kann ich den Wagen hier abstellen?	**Can I park my car here?** ['kən‿aɪ ˌpɑ:k maɪ 'kɑ: hɪə]

Ist das Parkhaus die ganze Nacht geöffnet?	**Is the car park open all night?** [ɪz ðə 'kɑːpɑːk‿'əʊpən‿ɔːl 'naɪt]

Eine Panne

Ich habe eine Panne.	**My car's broken down.** [maɪ 'kɑːz 'brəʊkn 'daʊn]
Wo ist hier in der Nähe eine Werkstatt?	**Is there a garage near here?** ['ɪz ðeər‿ə 'gærɑːdʒ 'nɪə 'hɪə]
Würden Sie bitte den Pannendienst anrufen?	**Would you call the breakdown service, please?** [wʊd 'jʊ kɔːl ðə breɪkdaʊn ˌsɜːvɪs pliːz]
Könnten Sie mir mit Benzin aushelfen?	**Could you lend me some petrol, please?** ['kʊd‿jʊ lend mɪ sʌm 'petrəl pliːz]
Könnten Sie mir beim Reifenwechsel helfen?	**Could you help me change the tyre, please?** ['kʊd‿jʊ help mɪ tʃeɪnʒ ðə 'taɪə pliːz]
Könnten Sie mir Starthilfe geben?	**Could you help me start my car with jump leads, please?** ['kʊd‿jʊ help mɪ stɑːt maɪ kɑː wɪð 'dʒʌmp ˌliːdz pliːz]
Würden Sie mich bis zur nächsten Werkstatt mitnehmen?	**Could you give me a lift to the nearest garage?** ['kʊd‿jʊ gɪv mɪ‿ə 'lɪft tə ðə 'nɪərɪst 'gærɑːdʒ]

Abschleppdienst	**breakdown service** ['breɪkdaʊn 'sɜːvɪs]
abschleppen	**tow (away)** [təʊ (ə'weɪ)]
Abschleppseil	**towrope** ['təʊrəʊp]
Abschleppwagen	**breakdown vehicle** ['breɪkdaʊn ˌviːɪkl]

Benzinkanister	**petrol can** ['petrəl kæn]
Ersatzrad	**spare wheel** ['speə 'wi:l]
Notrufsäule	**emergency telephone** [ɪ'mɜ:dʒənsɪ 'telɪfəʊn]
Panne	**breakdown** ['breɪkdaʊn]; *(Reifen~)* **puncture, flat (tyre)** ['pʌŋktʃə, flæt ('taɪə)]
Pannendienst	**breakdown service** ['breɪkdaʊn ˌsɜ:vɪs]
Platten	**flat tyre** ['flæt 'taɪə]
Starthilfekabel	**jump leads** ['dʒʌmp ˌli:dz]
Wagenheber	**jack** [dʒæk]
Warnblinker	**hazard warning lights** ['hæzəd 'wɔ:nɪŋ ˌlaɪtz]
Warndreieck	**warning triangle** ['wɔ:nɪŋ 'traɪæŋgl]
Werkzeug	**tools** [tu:lz]

In der Werkstatt

Mein Wagen springt nicht an.	**The car won't start.** [ðə 'kɑ: wəʊnt 'stɑ:t]
Mit dem Motor stimmt was nicht.	**There's something wrong with the engine.** [ðeəz 'sʌmθɪŋ 'rɒŋ wɪð ðɪ‿'enʒɪn]
... ist/sind defekt.	**... is/are faulty.** [... ɪz/ɑ: 'fɔ:ltɪ]
Der Wagen verliert Öl.	**I'm losing oil.** [aɪm 'lu:zɪŋ 'ɔɪl]
Können Sie mal nachsehen?	**Could you have a look?** ['kʊd‿jʊ 'hæv‿ə 'lʊk]

Wann ist der Wagen/das Motorrad fertig?	**When will the car/the motorbike be ready?** ['wen wɪl ðə kɑː/ðə 'məʊtəbaɪk bɪ 'redɪ]
Was wird es kosten?	**How much will it be?** ['haʊ 'mʌtʃ wɪl‿ɪt 'biː]

Abblendlicht	**dipped headlights** [dɪpt 'hedlaɪts]
Alarmanlage	**alarm system** [ə'lɑːm 'sɪstəm]
Anlasser	**starter** ['stɑːtə]
Auspuff	**exhaust** [ɪg'zɔːst]
Automatik(getriebe)	**automatic (transmission)** [ˌɔːtə'mætɪk (trænz'mɪʃn)]
Benzinpumpe	**petrol pump** ['petrəl pʌmp]
Blinker	**indicator** ['ɪndɪkeɪtə]
Bremse	**brake** [breɪk]
Bremsflüssigkeit	**brake fluid** ['breɪk ˌflʊɪd]
Bremslichter	**brake lights** ['breɪkˌlaɪts]
Defekt	**fault** [fɔːlt]
Fernlicht	**full beam** ['fʊl'biːm]
Frostschutzmittel	**anti-freeze** ['æntɪfriːz]
Gang	**gear** [gɪə]
erster Gang	**first/bottom gear** ['fɜːst/'bɒtəm 'gɪə]
Leerlauf	**neutral** ['njuːtrəl]
Rückwärtsgang	**reverse gear** [rɪ'vɜːs 'gɪə]
Gaspedal	**accelerator** [ək'seləreɪtə]
Getriebe	**gearbox (*Am* transmission)** ['gɪəbɒks (trænz'mɪʃn)]
Handbremse	**handbrake** ['hændbreɪk]
Hupe	**horn** [hɔːn]
Kofferraum	**boot (*Am* trunk)** [buːt (trʌŋk)]
Kühler	**radiator** ['reɪdɪeɪtə]

Kühlwasser	**cooling water** ['ku:lɪŋ 'wɔ:tə]
Kupplung	**clutch** [klʌtʃ]
Kurzschluss	**short-circuit** ['ʃɔ:t'sɜ:kɪt]
Linkslenker	**left-hand-drive car** [lefthænd draɪv kɑ:]
Lichtmaschine	**dynamo** ['daɪnəməʊ]
Luftfilter	**air filter** ['eəfɪltə]
Motor	**motor, engine** ['məʊtə, 'endʒɪn]
Motorhaube	**bonnet** (*Am* **hood**) ['bɒnɪt (hʊd)]
Nebelscheinwerfer	**fog lamps** [fɒg læmps]
Nebelschlussleuchte	**rear fog lamp** ['rɪə fɒg læmp]
Öl	**oil** [ɔɪl]
Ölwechsel	**oil change** ['ɔɪl 'tʃeɪnʒ]
Rad	**wheel** [wi:l]
Rechtslenker	**right-hand-drive car** [raɪt hænd draɪv kɑ:]
Reifen	**tyre** (*Am* **tire**) ['taɪə]
Rücklicht	**rear light, tail light** ['rɪə 'laɪt, 'teɪl 'laɪt]
Rückspiegel	**rearview mirror** ['ri:əvju: 'mɪrə]
Scheibenwischer	**windscreen wiper** ['wɪndskri:n 'waɪpə]
Scheinwerfer	**headlights** ['hedlaɪts]
Schraube	**screw** [skru:]
Sicherheitsgurt	**seat belt** ['si:t belt]
Standlicht	**sidelights** ['saɪdlaɪts]
Stoßstange	**bumper** ['bʌmpə]
Tachometer	**speedometer** [spɪ'dɒmɪtə]
Tank	**(petrol) tank** [('petrəl) tæŋk]
elektronische Wegfahrsperre	**electronic immobiliser** [ɪlek'trɒnɪk ɪ'məʊbɪlaɪzə]
Werkstatt	*(Auto~)* **garage** ['gærɑ:dʒ]
Windschutzscheibe	**windscreen** (*Am* **windshield**) ['wɪndskri:n, 'wɪndʃi:ld]

Winterreifen	**winter tyres** ['wɪntə 'taɪəz]
Zündkerze	**spark plug** ['spɑːkplʌg]
Zündung	**ignition** [ɪg'nɪʃn]

Verkehrsunfall

Es ist ein Unfall passiert.	**There's been an accident.** [ðeəz biːn‿ən‿'æksɪdənt]
Rufen Sie bitte schnell ...	**Quick. Please call ...** [kwɪk 'pliːz 'kɔːl]
einen Krankenwagen.	**an ambulance.** [ən‿'æmbjʊləns]
die Polizei.	**the police.** [ðə pə'liːs]
die Feuerwehr.	**the fire brigade.** [ðə 'faɪəbrɪˌgeɪd]
Haben Sie Verbandszeug?	**Have you got a first-aid kit?** [həv jʊ gɒt‿ə 'fɜːst'eɪd kɪt]
Sie haben ...	**You ...** [jʊ]
die Vorfahrt nicht beachtet.	**didn't observe the right of way.** ['dɪdnt‿əb'zɜːv ðə 'raɪt‿əv 'weɪ]
den Abstand nicht eingehalten.	**didn't keep your distance.** ['dɪdnt 'kiːp jɔː dɪstəns]
nicht geblinkt.	**didn't indicate.** ['dɪdnt 'ɪndɪkeɪt]
Sie sind ...	**You ...** [jʊ]
zu schnell gefahren.	**were driving too fast.** [wə 'draɪvɪŋ 'tuː 'fɑːst]
bei Rot über die Kreuzung.	**went through a red light.** [went θruː‿ə 'red 'laɪt]
ohne Licht gefahren.	**were driving without your lights on.** [wə 'draɪvɪŋ wɪð'aʊt jɔː laɪts ɒn]

Geben Sie mir bitte Ihren Namen und Ihre Anschrift.	**Please give me your name and address.** [pli:z gɪv mɪ jɔ: 'neɪm‿ənd‿ə'dres]
Bei welcher Versicherung sind Sie?	**Which insurance company are you with?** [wɪtʃ ɪn'ʃʊərəns kʌmpənɪ ɑ: jʊ wɪð]
Vielen Dank für Ihre Hilfe.	**Thank you very much for your help.** ['θæŋk jʊ 'verɪ 'mʌtʃ fə jə 'help]

Auto-, Motorrad- und Fahrradvermietung

Ich möchte für zwei Tage/eine Woche ... mieten.	**I'd like to hire ... for two days/for a week.** [aɪd 'laɪk tə 'haɪə fə 'tʊ: 'deɪz/fər‿ə 'wi:k]
einen Wagen	**a car** [ə 'kɑ:]
einen Geländewagen	**a jeep** [ə 'dʒi:p]
ein Motorrad	**a motorbike** [ə 'məʊtəbaɪk]
einen Motorroller	**a scooter** [ə 'sku:tə]
ein Fahrrad	**a bike** [ə 'baɪk]
Wie hoch ist die Tages-/Wochenpauschale?	**How much does it cost per day/week?** ['haʊ 'mʌtʃ dəz‿ɪt 'kɒst pə 'deɪ/'wi:k]
Wie viel verlangen Sie pro gefahrenen Kilometer?	**What do you charge per mile?** ['wɒt də jʊ 'tʃɑ:dʒ pə 'maɪl]
Ist das Fahrzeug vollkaskoversichert?	**Does the vehicle have comprehensive insurance?** ['dʌz ðə 'vi:ɪkl hæv ˌkɒm↓prɪ'hensɪv‿ɪn'ʃʊərəns]
Ist es möglich, das Fahrzeug in ... abzugeben?	**Is it possible to leave the car in ...?** [ɪz‿ɪt 'pɒsəbl tə ˌli:v ðə 'kɑ:r‿ɪn]

Führerschein	**driving licence** ['draɪvɪŋ 'laɪsns]
grüne Versicherungskarte	**green card** ['gri:n 'kɑ:d]
hinterlegen	**deposit** [dɪ'pɒzɪt]
Kindersitz	**child seat** [tʃaɪld
Kaution	**deposit** [dɪ'pɒzɪt]
Nierengurt	**kidney belt** ['kɪdnɪ belt]
Papiere	**papers** ['peɪpəz]
Schiebedach	**sunroof** ['sʌnru:f]
Sturzhelm	**crash helmet** ['kræʃ ˌhelmɪt]
Teilkasko	**third-party, fire and theft insurance** [θɜ:d'pɑ:tɪ, faɪə‿ənd θeft ɪn'ʃʊərəns]
Vollkasko	**fully comprehensive insurance** ['fʊlɪ 'kɒmprɪhensɪv‿ɪn'ʃʊərəns]
Wochenendpauschale	**weekend rate** [ˌwi:k'end reɪt]
Zündschlüssel	**ignition key** [ɪg'nɪʃn ki:]

Flugzeug

Einen Flug buchen

Wann fliegt die nächste Maschine nach ...?	**When's the next flight to ...?** ['wenz ðə 'nekst 'flaɪt tʊ]
Sind noch Plätze frei?	**Are there still seats available?** [ɑ: ðeə stɪl 'si:ts‿ə'veɪləbl]
Ich möchte einen einfachen Flug nach ... buchen.	**I'd like to book a single flight to ...** [aɪd laɪk tə bʊk‿ə 'sɪŋgl flaɪt tʊ]
Ich möchte einen Hin- und Rückflug nach ... buchen.	**I'd like to book a return flight to ...** [aɪd laɪk tə bʊk‿ə rɪ'tɜ:n flaɪt tʊ]

Raucher oder Nichtraucher?	**Smoking or non-smoking?** [sməʊkɪŋ ɔː 'nɒnsməʊkɪŋ]
Ich möchte bitte ...	**I'd like ...** [ˌaɪd 'laɪk]
einen Fensterplatz.	**a window seat.** [ə‿wɪndəʊ 'siːt]
einen Platz am Gang.	**an aisle seat.** [ən‿aɪl 'siːt]
Ich möchte diesen Flug stornieren.	**I'd like to cancel this flight.** [aɪd laɪk tə 'kænsəl ðɪs 'flaɪt]
Ich möchte diesen Flug umbuchen.	**I'd like to change the booking.** [aɪd laɪk tə tʃeɪndʒ ðə 'bʊkɪŋ]

Am Flughafen

Wo ist der Schalter der ...-Fluggesellschaft?	**Where's the ... counter?** ['weəz ðə ... 'kaʊntə]
Könnte ich bitte Ihren Flugschein sehen?	**Could I see your ticket, please?** [kʊd‿aɪ siː‿jɔː 'tɪkɪt pliːz]
Kann ich das als Handgepäck mitnehmen?	**Can I take this as hand luggage?** [kən‿aɪ 'teɪk 'ðɪs‿əz 'hænd 'lʌgɪdʒ]

An Bord

Könnten Sie mir bitte ein Glas Wasser bringen?	**Could you bring me a glass of water, please?** ['kʊd‿jʊ brɪŋ mɪ ə 'glɑːs‿əv wɔːtə pliːz]

Könnte ich bitte noch ein Kissen/eine Decke haben?	**Could I have another cushion/blanket, please?** [kʊd‿aɪ hæv əˈnʌðə kʊʃən/ ˈblæŋkɪt pliːz]
Würde es Ihnen etwas ausmachen, mit mir den Platz zu tauschen?	**Would you mind changing seats with me?** [wʊd jʊ maɪnd ˈtʃeɪnʒɪŋ siːts wɪð mɪ]

Ankunft

➢ **auch Fundbüro (Kap. Wichtiges von A bis Z)**

Mein Gepäck ist verloren gegangen.	**My luggage is missing.** [maɪ ˈlʌgɪdʒ ɪz ˈmɪsɪŋ]
Mein Koffer ist beschädigt worden.	**My suitcase has been damaged** [maɪ ˈsjuːtkeɪs həz bɪn ˈdæmɪdʒd]
Von wo fährt der Bus in Richtung ... ab?	**Where does the bus to ... leave from?** [ˈweə dʌz ðə bʌs tʊ ... liːv frɒm]

➢ **auch Wortliste Eisenbahn**

Abflug	**take-off** [ˈteɪk↓ɒf]
Ankunft	**arrival** [əˈraɪvl]
Ankunftszeit	**time of arrival** [taɪm‿əv‿əˈraɪvl]
Anschluss	**connection** [kəˈnekʃn]
Auslandsflug	**international flight** [ˌɪntəˈnæʃənl flaɪt]
Bordkarte	**boarding card** [ˈbɔːdɪŋ kɑːd]
einchecken	**check in** [ˌtʃek‿ˈɪn]
Flug	**flight** [flaɪt]
Fluggesellschaft	**airline** [ˈeəlaɪn]
Flughafen	**airport** [ˈeəpɔːt]

Flughafenbus	**airport bus** ['eəpɔːt 'bʌs]
Flughafengebühr	**airport tax** ['eəpɔːt 'tæks]
Flugsteig	**gate** [geɪt]
Gepäck	**luggage** (*Am* **baggage**) ['lʌgɪdʒ, 'bægɪdʒ]
Gepäckabfertigung	**luggage/baggage check-in** ['lʌgɪdʒ/'bægɪdʒ 'tʃekɪn]
Gepäckausgabe	**luggage/baggage reclaim** ['lʌgɪdʒ/'bægɪdʒ ˌriː'kleɪm]
Gepäckwagen	**luggage van** ['lʌgɪdʒ væn]
Inlandsflug	**domestic flight** [də'mestɪk flaɪt]
Landung	**landing** ['lændɪŋ]
Notausgang	**emergency exit** [ɪ'mɜːdʒənsɪ 'eksɪt]
Notlandung	**emergency landing** [ɪ'mɜːdʒənsɪ 'lændɪŋ]
Notrutsche	**emergency chute** [ɪ'mɜːdʒənsɪ ʃuːt]
Passagier	**passenger** ['pæsɪndʒə]
Pilot/in	**pilot** ['paɪlət]
planmäßiger Abflug	**scheduled time of departure** ['ʃedjuːld 'taɪm‿əv dɪ'pɑːtʃə]
Schwimmweste	**life jacket** ['laɪfˌdʒækɪt]
Sicherheitsgebühr	**security charge** [sɪ'kjʊərətɪ 'tʃɑːdʒ]
Sicherheitskontrolle	**security control** [sɪ'kjʊərətɪ kən'trəʊl]
Steward/ess	**steward/stewardess** [stjʊəd/ˌstjʊə'des]
stornieren	**cancel** ['kænsl]
Terminal	**terminal** ['tɜːmɪnl]
umbuchen	**change the booking** [tʃeɪndʒ ðə 'bʊkɪŋ]
Verspätung	**delay** [dɪ'leɪ]
zollfreier Laden	**duty-free shop** ['djuːtɪ'friː ʃɒp]
Zwischenlandung	**stopover** ['stɒpˌəʊvə]

Eisenbahn

Fahrkarten kaufen

Eine einfache Fahrt 2. Klasse/ 1. Klasse nach ..., bitte.	**A second-class/first-class single to ..., please.** [ə 'seknd klɑːs/'fɜːst klɑːs 'sɪŋgl tʊ ... pliːz]
Zweimal ... hin und zurück, bitte.	**Two returns to ..., please.** ['tuː rɪ'tɜːnz tʊ ... pliːz]
Gibt es eine Ermäßigung für Kinder/Studenten/Senioren?	**Is there a reduction for children/students/senior citizens?** ['ɪz ðeər‿ə rɪ'dʌkʃn fə 'tʃɪldrən/'stjuːdnts/'siːnɪə sɪtɪznz]
Bitte eine Platzkarte für den Zug um ... Uhr nach ...	**I'd like to reserve a seat on the ... o'clock train to ...** [aɪd 'laɪk tə‿rɪ'zɜːv‿ə 'siːt ɒn ðə ... ə'klɒk treɪn tʊ]
Ich möchte einen Liegewagen-/Schlafwagenplatz.	**I'd like to book a couchette/a sleeper.** [aɪd 'laɪk tə bʊk‿ə kuː'ʃet/ə 'sliːpər]
Gibt es einen Autoreisezug nach ...?	**Is there a motorail service to ...?** [ɪz deər‿ə 'məʊtəreɪl 'sɜːvɪs tʊ]
Habe ich in ... Anschluss nach ...?	**Is there a connection to ... at ...?** [ɪz ðeər‿ə kə'nekʃn tʊ ... ət]
(Wo) Muss ich umsteigen?	**(Where) Do I have to change?** [('weə) dʊ‿aɪ hæv‿tə 'tʃeɪndʒ]

Im Bahnhof

Ich möchte diesen Koffer als Reisegepäck aufgeben.
I'd like to register this case.
[aɪd 'laɪk tʊ 'redʒɪstə ðɪs 'keɪs]

Wo kann ich mein Fahrrad aufgeben?
Where can I register my bike?
['weə kən‿aɪ 'redʒɪstə maɪ 'baɪk]

Von welchem Gleis fährt der Zug nach ... ab?
Which platform does the ... train leave from?
[wɪtʃ 'plætfɔːm dʌz ðə ... treɪn 'liːv frɒm]

Im Zug

Verzeihung, ist dieser Platz noch frei?
Excuse me, is this seat free?
[ɪks'kjuːz 'miː ɪz 'ðɪs 'siːt 'friː]

Darf ich das Fenster öffnen/schließen?
May I open/shut the window?
['meɪ‿aɪ 'əʊpən/ʃʌt ðə 'wɪndəʊ]

➢ **auch Wortliste Flugzeug**

Abfahrt	**departure** [dɪ'pɑːtʃə]
Abfahrtszeit	**time of departure** [taɪm‿əv dɪ'pɑːtʃə]
Abteil	**compartment** [kəm'pɑːtmənt]
ankommen	**arrive** [ə'raɪv]
Aufenthalt	**stop** [stɒp]
aussteigen	**get out** ['get 'aʊt]
Autoreisezug	**motorail service** ['məʊtəreɪl 'sɜːvɪs]
Bahnhof	**station** ['steɪʃn]
einsteigen	**get on** ['get‿'ɒn]

Ermäßigung	**reduction** [rɪ'dʌkʃn]
Fahrkarte	**ticket** ['tɪkɪt]
Fahrkartenkontrolle	**ticket inspection** ['tɪkɪt‿ɪn'spekʃən]
Fahrkartenschalter	**ticket office** ['tɪkɪt‿ˌɒfɪs]
Fahrplan	**timetable** ['taɪmˌteɪbl]
Fahrpreis	**fare** [feə]
Fensterplatz	**window seat** ['wɪndəʊ siːt]
Gang	**corridor** ['kɒrɪdɔː]
Gepäck	**luggage** (*Am* **baggage**) ['lʌgɪdʒ, 'bægɪdʒ]
Gepäckaufbewahrung	**left-luggage office** ['left 'lʌgɪdʒ ˌɒfɪs]
Gepäckschalter	**luggage counter** ['lʌgɪdʒ kaʊntə]
Gleis	**platform** ['plætfɔːm]
Großraumwagen	**open-plan carriage** ['əʊpn'plæn 'kærɪdʒ]
Hauptbahnhof	**main station** ['meɪn 'steɪʃn]
Interrail	**interrail** [ɪntə'reɪl
Kinderfahrkarte	**half** [hɑːf]
Nichtraucherabteil	**no-smoking compartment** ['nəʊ'sməʊkɪŋ kəm'pɑːtmənt]
Platzkarte	**seat reservation** ['siːt ˌrezə'veɪʃn]
Raucherabteil	**smoking compartment** ['sməʊkɪŋ kəm'pɑːtmənt]
Reservierung	**reservation** [ˌrezə'veɪʃn]
Rückfahrkarte	**return ticket** [rɪ'tɜːn 'tɪkɪt]
Schließfach	**left-luggage locker** ['left 'lʌgɪdʒ ˌlɒkə]
Speisewagen	**restaurant car** ['restərɔ̃ːŋ ˌkɑː]
Wagennummer	**coach number** ['kəʊtʃ 'nʌmbə]
Wartesaal	**waitingroom** ['weɪtɪŋrʊm]
Zug	**train** [treɪn]
Zuschlag	**supplement** ['sʌplɪmənt]

Schiff

Auskunft

Wann fährt das nächste Schiff/die nächste Fähre nach ... ab?	**When does the next ship/the next ferry leave for ...** ['wen dʌz ðə 'nekst 'ʃɪp/ðə 'nekst 'ferɪ 'li:v fɔ:]
Wie lange dauert die Überfahrt?	**How long does the crossing take?** ['haʊ 'lɒŋ dʌz ðə 'krɒsɪŋ 'teɪk]
Wann legen wir in ... an?	**When do we land at ...?** ['wen dʊ‿wɪ lænd‿ət]
Wie lange haben wir Aufenthalt in ...?	**How long are we stopping at ...?** ['haʊ 'lɒŋ ɑ:‿wɪ 'stɒpɪŋ‿ət]
Ich möchte eine Schiffskarte nach ...	**I'd like a ticket to ...** [aɪd laɪk ə 'tɪkɪt tʊ]
1. Klasse	**first class** ['fɜ:st klɑ:s]
Touristenklasse	**tourist class** ['tʊərɪst klɑ:s]
eine Einzelkabine	**a single cabin** [ə 'sɪŋgl 'kæbɪn]
eine Zweibettkabine	**a double cabin** [ə 'dʌbl 'kæbɪn]
Ich möchte eine Karte für die Rundfahrt um ... Uhr.	**I'd like a ticket for the round trip at ... o'clock.** [aɪd laɪk ə 'tɪkɪt fə ðə 'raʊnd 'trɪp‿ət ... ə'klɒk]

An Bord

Wo ist der Speisesaal/der Aufenthaltsraum?	**Where's the restaurant/lounge?** ['weəz ðə 'restərɔ̃:ŋ/'laʊndʒ]
Ich fühle mich nicht wohl.	**I don't feel well.** [aɪ 'dəʊnt fi:l 'wel]
Rufen Sie bitte den Schiffsarzt!	**Call the ship's doctor, please.** ['kɔ:l ðə ʃɪps 'dɒktə pli:z]
Geben Sie mir bitte ein Mittel gegen Seekrankheit.	**Could you give me something for seasickness, please.** ['kʊd jʊ gɪv‿mɪ 'sʌmθɪŋ fə 'si:sɪknɪs pli:z]

anlegen in	**land at, dock at** ['lænd‿ət, 'dɒk‿ət]
Buchung	**booking** ['bʊkɪŋ]
Dampfer	**steamer, steamship** ['sti:mə, 'sti:mʃɪp]
Deck	**deck** [dek]
Fähre	**ferry** ['ferɪ]
Autofähre	**carferry** ['kɑ:ˌferɪ]
Fahrkarte	**ticket** ['tɪkɪt]
Festland	**mainland, dry land** ['meɪnlænd, 'draɪ 'lænd]
Hafen	**port** [pɔ:t]
Kabine	**cabin** ['kæbɪn]
Kai	**quay** [ki:]
Kapitän	**captain** ['kæptɪn]
Kreuzfahrt	**cruise** [kru:z]
Küste	**coast** [kəʊst]
Landausflug	**excursion** [ɪks'kɜ:ʃn]
Luftkissenboot	**hovercraft** ['hɒvəkrɑ:ft]
Rettungsboot	**lifeboat** ['laɪfbəʊt]

Rettungsring	**lifebelt** ['laɪfbelt]
Rundfahrt	**round trip** ['raʊnd 'trɪp]
Schwimmweste	**life jacket** ['laɪf͵dʒækɪt]
Seegang	**rough seas** ['rʌf 'siːz]
seekrank sein	**be seasick** [biː'siːsɪk]
Tragflügelboot	**jetfoil, hydrofoil** ['dʒetfɔɪl, 'haɪdrəfɔɪl]

Nahverkehrsmittel

Bitte, wo ist die nächste ...	**Excuse me, where's the nearest ...** [ɪks'kjuːz 'miː 'weəz ðə 'nɪərɪst]
Bushaltestelle?	**bus stop?** ['bʌs 'stɒp]
Straßenbahnhaltestelle?	**tram stop?** ['træm 'stɒp]
U-Bahnstation?	**underground station?** ['ʌndəgraʊnd 'steɪʃn]
Welche Linie fährt nach ...?	**Which line goes to ... ?** ['wɪtʃ laɪn gəʊz‿tə]
Wann fährt die erste/letzte U-Bahn nach ...?	**When's the first/last underground to ...?** ['wenz ðə 'fɜːst/'lɑːst 'ʌndəgraʊnd tʊ]
Ist dies der Bus nach ...?	**Does this bus go to ...?** [dʌz 'ðɪs 'bʌs gəʊ tʊ]
Wie viele Haltestellen sind es?	**How many stops is it?** ['haʊ 'menɪ 'stɒps‿ɪz‿ɪt]
Wo muss ich aussteigen/umsteigen?	**Where do I have to get out/change?** ['weə dʊ‿aɪ hæv‿tə get 'aʊt/'tʃeɪnʒ]
Bitte, einen Fahrschein nach ...	**To ..., please.** [tʊ ... pliːz]

Abfahrt	**departure** [dɪ'pɑːtʃə]
Bus	**bus** [bʌs]
Busbahnhof	**bus station** ['bʌs‿steɪʃn]
einsteigen	**get on** ['get‿'ɒn]
Endstation	**terminus** ['tɜːmɪnəs]
Fahrkartenautomat	**ticket machine** ['tɪkɪt mə'ʃiːn]
Fahrplan	**timetable** ['taɪm ˌteɪbl]
Fahrpreis	**fare** [feə]
Fahrschein	**ticket** ['tɪkɪt]
Haltestelle	**stop** [stɒp]
Kontrolleur	**inspector** [ɪn'spektə]
Nahverkehrszug	**local train** ['ləʊkl 'treɪn]
Obus	**trolley bus** ['trɒlɪ bʌs]
Richtung	**direction** [dɪ'rekʃn]
S-Bahn	**suburban train** [sə'bɜːbən treɪn]
Schaffner	**ticket collector, conductor** ['tɪkɪtkə'lektə, kən'dʌktə]
Stadtbus	**city bus** [sɪtɪ bʌs]
Straßenbahn	**tram** [træm]
Tageskarte	**one-day travelcard** ['wʌndeɪ 'trævlkɑːd]
U-Bahn	**underground** ['ʌndəgraʊnd]
Überlandbus	**coach** [kəʊtʃ]
Wochenkarte	**weekly season ticket** ['wiːklɪ 'siːzn ˌtɪkɪt]
Zahnradbahn	**rack-railway** [ræk 'reɪlweɪ]

Taxi

Wo ist der nächste Taxistand?	**Where's the nearest taxi rank?** ['weəz ðə 'nɪərɪst 'tæksɪræŋk]
Zum Bahnhof.	**To the station.** [tʊ ðə 'steɪʃn]
Zum ... Hotel.	**To the ... Hotel.** [tʊ ðə ... həʊ'tel]
In die ...-Straße.	**To ... Street.** [tʊ ... striːt]
Nach ..., bitte.	**To ..., please.** [tʊ ... pliːz]
Wie viel kostet es nach ...?	**How much will it cost to ...?** ['haʊ 'mʌtʃ wɪl‿ɪt 'kɒst tə]
Halten Sie bitte hier.	**Could you stop here, please?** ['kʊd‿jʊ 'stɒp 'hɪə pliːz]
Das ist für Sie.	**That's for you.** ['ðæts fə juː]

halten	**stop** [stɒp]
Hausnummer	**house number** ['haʊs ˌnʌmbə]
Kilometerpreis	**price per kilometre/mile** [praɪs pə 'kɪləˌmiːtə/maɪl]
Pauschalpreis	**flat rate** ['flæt 'reɪt]
Quittung	**receipt** [rɪ'siːt]
Taxifahrer	**taxidriver** ['tæksɪˌdraɪvə]
Taxistand	**taxi rank** ['tæksɪ ræŋk]
Trinkgeld	**tip** [tɪp]

Reisen mit Kindern

Reisen mit Kindern ist in Großbritannien weitgehend unproblematisch. Überall gibt es Spielplätze *(playgrounds)*; Wickelräume *(baby's changing rooms)* und Wickeltische *(changing tables)* findet man in allen Autobahnraststätten und in den meisten großen Kaufhäusern. Viele Hotels bieten eine Kinderbetreuung *(babysitting service)* an; Restaurants verfügen in der Regel über Hochstühle *(high chairs)*. Kinderermäßigungen *(child reductions)* auf Eintrittsgebühren und Fahrpreise sind üblich.

Nützliches für hier und dort

Gibt es hier einen Kinderspielplatz?	**Is there a children's playground here?** ['ɪz ðeər‿ə 'tʃɪldrənz 'pleɪgraʊnd hɪə]
Gibt es hier Kinderbetreuung?	**Is there a babysitting service here?** ['ɪz ðeər‿ə'beɪbɪˌsɪtɪŋ 'sɜːvɪs hɪə]
Ab welchem Alter?	**From what age onward?** [frɒm wɒt eɪdʒ ɒnwəd]
Kennen Sie jemand, der bei uns babysitten kann?	**Do you know anyone who could babysit for us?** [du jʊ nəʊ 'enɪwʌn huː 'kʊd 'beɪbɪˌsɪt fə‿əs]
Haben Sie ein Babyfon?	**Do you have a baby intercom?** [du jʊ 'hæv‿ə beɪbɪ 'ɪntəkɒm]
Gibt es Veranstaltungen für Kinder?	**Are there organised events for children?** ['ɑːðeə enɪ 'ɔːgənaɪzd ɪ'vents fə 'tʃɪldrən]

Bekommen Kinder eine Ermäßigung?	**Is there a reduction for children?** ['ɪz ðeər‿ə rɪ'dʌkʃn fə 'tʃɪldrən]
Wo bekomme ich Windeln?	**Where can I get nappies (*Am* diapers)?** ['weə kən‿aɪ get 'næpɪz ('daɪəpəz)]

Unterwegs

Wir reisen mit Kind. Können wir einen Platz ganz vorn bekommen?	**We're travelling with a child. Can we get a seat right at the front?** [wɪə trævlɪŋ wɪð‿ə tʃaɪld. kən wɪ get‿ə 'siːt raɪt ət ðə 'frʌnt]
Haben Sie einen Kindersicherheitsgurt?	**Do you have a child seat belt?** [du jʊ 'hæv ‿ə tʃaɪld 'siːt belt]
Haben Sie vielleicht Stifte und Papier / ein Malbuch für unser Kind?	**Do you possibly have crayons and paper/a colouring book for our child?** [du jʊ pɒsəblɪ 'hæv kreɪənz‿ənd peɪpə/ə kʌlərɪŋ bʊk fə‿aʊə tʃaɪld]
Verleihen Sie Kinderautositze?	**Do you rent out child seats for the car?** [dʊ‿jʊ rent 'aʊt tʃaɪld siːts fə‿ðə 'kɑː]

Im Restaurant

Bringen Sie bitte noch einen Kinderstuhl.	**Could you bring us a high chair, please?** ['kʊd‿jʊ brɪŋ‿əs‿ə 'haɪ tʃeə pli:z]
Gibt es auch Kinderportionen?	**Do you have special children's meals?** [du jʊ 'hæv speʃəl tʃɪldrənz 'mi:lz]
Könnten wir bitte einen zusätzlichen Teller bekommen?	**Could we have an extra plate, please?** ['kʊd‿wɪ hæv ən‿ ekstrə pleɪt pli:z]
Könnten Sie mir bitte das Fläschchen warm machen?	**Could you warm up the baby's bottle, please?** ['kʊd‿jʊ wɔ:m ʌp ðə'beɪbɪz bɒtl pli:z]
Gibt es hier einen Wickelraum?	**Is there a nursing room here?** ['ɪz ðeər‿ə 'nɜ:sɪŋ rʊm hɪə]
Wo kann ich stillen?	**Where can I breast-feed my baby?** ['weə kən‿aɪ brestfɪ:d maɪ 'beɪbɪ]

Babyfon	**baby intercom** [beɪbɪ 'ɪntəkɒm]
Babyschale *(fürs Auto)*	**baby seat** [beɪbɪ si:t]
Babysitter	**babysitter** ['beɪbɪˌsɪtə]
Fläschchenwärmer	**bottle warmer** [bɒtl wɔ:mə]
Junge	**boy** [bɔɪ]
Kinderbecken	**children's pool** [tʃɪldrənz pu:l]
Kinderbetreuung	**babysitting service** ['beɪbɪˌsɪtɪŋ 'sɜ:vɪs]
Kinderbett	**cot** [kɒt]
Kinderermäßigung	**child reduction** [tʃaɪld rɪ'dʌkʃn]
Kinderkleidung	**children's clothing** [tʃɪldrənz kləʊðɪŋ]
Kindernahrung	**baby food** ['beɪbɪ fu:d]
Kindersitz *(fürs Auto)*	**child seat** [tʃaɪld si:t]

Kindersitz *(fürs Fahrrad)*	**child seat** [tʃaɪld siːt]
Kindersitzkissen *(fürs Auto)*	**child seat cushion** [tʃaɪld siːt 'kʊʃən]
Kinderspielplatz	**children's playground** ['tʃɪldrənz 'pleɪgraʊnd]
Kinderwagen	**pram** [præm]
Mädchen	**girl** ['gɜːl]
Malbuch	**colouring book** ['kʌlərɪŋ bʊk]
Miniclub	**children's club** ['tʃɪldrənz klʌb]
Plantschbecken	**paddling pool** ['pædlɪŋ 'puːl]
Sandburg	**sandcastle** [sænd 'kɑːsl]
Sandkasten	**sand pit** [sændpɪt]
Sauger	**teat** [tiːt]
Saugflasche	**feeding bottle** ['fiːdɪŋ ˌbɒtl]
Schildmütze	**bonnet** ['bɒnɪt]
Schnuller	**dummy** ['dʌmɪ]
Schwimmflügel	**water wing** ['wɔːtəwɪŋ]
Schwimmkurs	**swimming lessons** ['swɪmɪŋ lesnz]
Schwimmring	**rubber ring** ['rʌbə rɪŋ]
Sonnenschutz	**sun blocker, sun cream** [sʌn blɒkə, sʌn kriːm]
spielen	**to play** [pleɪ]
Spielkamerad	**playmate** [pleɪmeɪt]
Spielplatz	**playground** [pleɪgraʊnd]
Spielsachen	**toys** ['tɔɪz]
Trinkflasche	**baby's bottle** ['beɪbɪz bɒtl]
Vergnügungspark	**amusement park** [ə'mjuːzmnt pɑːk]
Wickeltisch	**baby's changing table** ['beɪbɪz tʃeɪnʒɪŋ teɪbl]
Windeln	**nappies** (*Am* **diapers**) ['næpɪz, ('daɪəpəz)]

Gesundheit

➢ **auch Kap. Gesundheit**

Gibt es hier einen Kinderarzt?	**Is there a pediatrician here?** ['ɪz ðeər‿ə pi:dɪə'trɪʃn hɪə]
Mein Kind hat ...	**My child has ...** [maɪ tʃaɪld həz]
Mein Kind ist allergisch gegen ...	**My child is allergic to ...** [maɪ tʃaɪld ɪz ə'lɜ:dʒɪk tʊ]
Mein Kind ist gestochen worden.	**My child has been stung.** [maɪ tʃaɪld həz bɪn stʌŋ]

Allergie	**allergy** ['ælədʒɪ]
Ausschlag	**rash** [ræʃ]
Blähungen	**wind** [wɪnd]
Elektrolytlösung	**electrolyte solution** [ɪ'lektrəʊlaɪt sə'lu:ʃn]
Fieber	**fever, temperature** ['fi:və, 'temprɪtʃə]
Heilnahrung	**medicinal food** [me'dɪsɪnl fu:d]
Impfpass	**vaccination card** [væksɪ'neɪʃn ˌkɑ:d]
Kinderkrankenhaus	**pediatric clinic** [pi:dɪə'trɪk klɪnɪk]
Kinderkrankheit	**children's illness** ['tʃɪldrənz 'ɪlnɪs]
Masern	**measles** ['mi:zlz]
Mumps	**mumps** [mʌmps]
Pilz	**fungal infection** ['fʌŋgl ɪn'fekʃn]
Röteln	**German measles** ['dʒɜ:mən 'mi:zlz]
Scharlach	**scarlet fever** ['skɑ:lɪt 'fi:və]
Windpocken	**chickenpox** ['tʃɪkɪnpɒks]

Wie bezeichnet man die verschiedenen Behinderungen? In den 80er und 90er Jahren schwappte ein Trend von den USA nach Großbritannien rüber: die „politische Korrektheit" *(political correctness - PC)*. Dieser Trend führte dazu, dass Begriffe wie „blind" *(blind)*, „taub" *(deaf)* oder „gehbehindert" *(disabled)* durch grauenhafte Wortschöpfungen wie *visually impaired, aurally challenged* oder *non walker* ersetzt wurden. Inzwischen haben die verschiedenen Behindertenverbände diese Wortschöpfungen vollständig abgelehnt. Der Trend am Ende des 20. Jahrhunderts ist: die Dinge auf ehrliche und nicht herablassende Art und Weise beim Namen zu nennen. Die hier angebotenen Begriffe werden von behinderten Menschen selbst verwendet.

Alle Einrichtungen, die in einer modernen Gesellschaft für Behinderte erwartet werden, sind in Großbritannien vorhanden: Behindertenparkplätzte *(parking spaces for the disabled)*, Rollstuhlwege *(wheelchair paths)*, Auffahrtrampen *(ramps for wheelchair users)*, Behindertentoiletten *(toilets for the disabled)* und sogar Nachrichtensendungen im Fernsehen, die auch in der Zeichensprache *(sign language)* gesendet werden.

Die Behindertenverbände in Großbritannien sind nach Art der Behinderung aufgeteilt, z. B. *National Association for the Blind.*

Ich bin ...	**I'm ...** [aɪm]
körperbehindert.	**disabled.** [dɪs'eɪbld]
sehbehindert.	**partially sighted.** ['pɑːʃəlɪ saɪtɪd]
Ich leide unter ...	**I suffer from ...** [aɪ sʌfə frɒm]
Ich habe ...	**I have ...** [aɪ 'hæv]
eine Gehbehinderung.	**a physical handicap.** [ə fɪzɪkəl hændɪkæp]
Multiple Sklerose.	**multiple sclerosis.** ['mʌltɪpl sklɪ'rəʊsɪs]

Unterwegs

Kann ich einen eigenen faltbaren Rollstuhl im Flugzeug mitnehmen?	**Can I take my folding wheelchair on the plane?** [kən‿aɪ 'teɪk maɪ fəʊldiŋ wiːl'tʃeə ɒn ðə pleɪn]
Wird ein Rollstuhl am Abflug-/Zielflughafen bereitgestellt?	**Will a wheelchair be provided at the airport of departure/arrival?** [wɪl ‿ə wiːl'tʃeə biː prə'vaɪdɪd 'ət ðə eəpɔːt əv dɪ'pɑːtʃə/ə'raɪvl]
Ich möchte einen Sitz am Gang.	**I'd like an aisle seat.** [aɪd laɪk‿ən aɪl 'siːt]
Gibt es eine Behindertentoilette?	**Is there a toilet for the disabled?** ['ɪz ðeər‿ə 'tɔɪlɪt fə ðə dɪs'eɪbld]
Gibt es einen Behindertenwaschraum?	**Is there a washroom for the disabled?** ['ɪz ðeər‿ə 'wɒʃˌruːm fə ðə dɪs'eɪbld]
Könnte mir jemand beim Umsteigen behilflich sein?	**Could someone help me change flights/trains?** ['kʊd 'sʌmwʌn 'help miː tʃeɪnʒ 'flaɪts/treɪnz]
Ist der Einstieg in die Wagen ebenerdig?	**Is the entrance to the carriages at ground level?** [ɪz ðə entrəns tə ðə 'kærɪdʒz ət graʊnd levl]
Gibt es Niederflurbusse?	**Are there any low-floor buses?** ['ɑː ðeər‿enɪ 'ləʊ‿flɔː bʌsɪz]
Sind die Bahnsteige über Rampen für Rollstuhlfahrer zugänglich?	**Are there ramps to allow access for wheelchair users to the platforms?** ['ɑː ðeər ræmps tə‿ə'laʊ ækses fə wiːl'tʃeə juːzəz tə‿ ðə 'plætfɔːmz]
Gibt es für Körperbehinderte Leihwagen mit Handgas?	**Are there rental cars with hand throttles for the disabled?** ['ɑː ðeər rentl kɑːz wɪð hænd θrɒtlz fə ðə dɪs'eɪbld]

Vermieten Sie rollstuhlgerechte Wohnmobile?	**Do you rent camper vans suitable for wheelchair users?** [dʊ‿jʊ rent 'kæmpə vænz 'suːtəbl fə wiːl'tʃeə juːzəz]
Kann man hier Behindertenfahrräder leihen?	**Is it possible to rent special cycles for the disabled here?** [ɪz‿ɪt 'pɒsəbl tə rent speʃəl saɪklz fə ðə dɪs'eɪbld hɪə]

Unterkunft

Können Sie mir bitte Informationen senden, welche Hotels in ... für Rollstuhlfahrer geeignet sind.	**Could you please send me information about which hotels in ... are suitable for wheelchair users?** ['kʊd‿jʊ pliːz send miː ɪnfəmeɪʃən ə'baʊt wɪtʃ həʊ'telz ɪn ... ə suːtəbl fə wiːl'tʃeə juːzəz]
Welche Hotels und Campingplätze haben behindertengerechte Einrichtungen?	**Which hotels and camping-sites have special facilities for the disabled?** [wɪtʃ həʊ'telz‿ənd 'kæmpɪŋsaɪtz hæv speʃəl fə'sɪlɪtɪz fə ðə dɪs'eɪbld]

Museen, Sehenswürdigkeiten, Theater ...

Ist die Ausstellung für Gehbehinderte über Aufzüge erreichbar?	**Can the disabled reach the exhibition by means of lifts?** ['kən ðə dɪs'eɪbld riːtʃ ðə eksɪbɪʃn baɪ miːnz‿əv lɪfts]
Gibt es spezielle Führungen/Stadtführungen für Behinderte?	**Are there guided tours/tours of the city specially designed for the disabled?** ['ɑː ðeər 'gaɪdɪd 'tʊəz/tʊəz əv ðə sɪtɪ speʃəlɪ dɪ'zaɪnd fə ðə dɪs'eɪbld]
Können Induktionsschleifen für Hörbehinderte eingeschaltet werden?	**Can the text display for the hard of hearing be switched on?** ['kən ðə tekst dɪ'spleɪ fə ðə hɑːd əv 'hɪərɪŋ biː swɪtʃt ɒn]
Gibt es Museumsführungen/ Theateraufführungen für Taubstumme / Blinde?	**Are there museum tours/theatre performances for deaf-mutes/the blind?** ['ɑː ðeər mjʊ'zɪəm tʊəz/'θɪətə pə'fɔːmənsɪz fə def mjuːtz/ðə blaɪnd]

ambulante Pflegestation	**nursing ward, out patients** [nɜːsɪŋ wɔːd, 'aʊt 'peɪʃənts]
amputiert	**amputated** ['æmpjʊteɪtɪd]
Auffahrtrampe	**ramp (for wheelchair users)** [ræmp (fə wiːl'tʃeə juːzəz)]
barrierefrei	**barrier-free** ['bærɪə friː]
befahrbar	**passable** ['pɑsəbl]
Begleitperson	**accompanying person** [əkʌmpənɪɪŋ pɜːsn]
Begleitung	**accompanying person** [əkʌmpənɪɪŋ pɜːsn]

Behindertenausweis	**disabled persons' card** [dɪs'eɪbld pɜːsnz kɑːd]
behindertengerecht	**suitable for the disabled** [suːtəbl fə ðə dɪs'eɪbld]
Behindertenparkplatz	**parking space for the disabled** ['pɑːkɪŋ speɪs fə ðə dɪs'eɪbld]
Behindertentoilette	**toilet for the disabled** [tɔɪlɪt fə ðə dɪs'eɪbld]
Betreuungsdienst	**care service** [kɛə sɜːvɪs]
blind	**blind** [blaɪnd]
Blinde/r	**blind person** [blaɪnd pɜːsn]
Blindenhund	**guide dog** [gaɪddɒg]
Braille	**braille** [breɪl]
Breite	**width** [wɪdθ]
Duschsitz	**shower seat** [ʃaʊə siːt]
ebenerdig	**at ground level** [ət graʊnd levl]
Einstiegshilfe	**entry assistance** ['entrɪ ə'sɪstəns]
Epilepsie	**epilepsy** ['epɪlepsɪ]
Fahrdienst	**transport service** ['trænspɔːt sɜːvɪs]
Flurbreite	**hall width** [hɔːl wɪdθ]
gehbehindert	**disabled** [dɪs'eɪbld]
Gehbehinderte/r	**disabled person** [dɪs'eɪbld pɜːsn]
Gehhilfe	**aid to walking** [eɪd tʊ w'ɔːkiŋ]
gehörlos	**deaf** [def]
Gehörlose/r	**deaf person** [def pɜːsn]
geistig behindert	**mentally handicapped** ['mentəlɪ hændɪkæpt]
Haltegriff	**handle** ['hændl]
Handbike	**hand-operated bike** [hænd'ɒpəreɪtɪd baɪk]
Handgas *(Auto)*	**hand throttle** [hænd θrɒtl]

Handlauf	**handrail** [hændreɪl]
Hebebühne	**hydraulic ramp** [haɪ'drɒlɪk ræmp]
Höhe	**height** [haɪt]
hörgeschädigt	**hard of hearing** [hɑːd əv 'hɪərɪŋ]
Hörgeschädigte/r	**person who is hard of hearing** [pɜːsn huː ɪz hɑːd əv 'hɪərɪŋ]
Hublift	**lifting ramp** [lɪftɪŋ ræmp]
Induktionsschleife	**text display** [tekst dɪ'spleɪ]
Kopfhörer	**headphones** [hedfəʊnz]
Körperbehinderung	**physical handicap, disability** [fɪzɪkəl hændɪkæp, ˌdɪsə'bɪlɪtɪ]
Krücke	**crutch** [krʌtʃ]
Lenkrad-Drehknopf *(Auto)*	**rotary steering wheel button** ['rəʊtərɪ 'stɪərɪŋ wiːl 'bʌtn]
Mobilitätsbehinderte	**paraplegic** [ˌpærə'pliːdʒɪk]
pflegebedürftig	**in need of care** [ɪn niːd‿əv kɛə]
querschnittsgelähmt	**paralegic** [ˌpærə'pliːdʒɪk]
Rampe	**ramp** [ræmp]
Rollstuhl	**wheelchair** [wiːl'tʃeə]
batteriebetriebener Rollstuhl	**battery-driven wheelchair** ['bætrɪ 'drɪvn wiːl'tʃeə]
Elektrorollstuhl	**electric wheelchair** [ɪ'lektrɪk wiːl'tʃeə]
Faltrollstuhl	**folding wheelchair** [fəʊldiŋ wiːl'tʃeə]
Rollstuhl mit Hebelantrieb	**lever-driven wheelchair** ['liːvə drɪvn wiːl'tʃeə]
Rollstuhlfahrer	**wheelchair user** [wiːl'tʃeə juːzə]
rollstuhlgängiger Wagen	**carriage with wheelchair access** *(Zug)* ['kærɪdʒ wɪð wiːl'tʃeə ækses (treɪn)]
rollstuhlgerecht	**suitable for wheelchairs** [suːtəbl fə wiːl'tʃeəz]
Rollstuhlkabine *(Schiff)*	**wheelchair cabin** [wiːl'tʃeə 'kæbɪn]

Rollstuhllifter *(Auto)*	**wheelchair lift** [wi:l'tʃeə lɪft]
Rollstuhlwandern	**wheelchair hiking** [wi:l'tʃeə 'haɪkɪŋ]
Rollstuhlwanderweg	**wheelchair hiking path** [wi:l'tʃeə 'haɪkɪŋ pɑ:θ]
Sanitäreinrichtungen	**sanitary facilities** ['sænɪtərɪ fə'sɪlɪtɪz]
Schreibtelefon	**keyboard telephone** [ki:bɔ:d telɪfəʊn]
sehbehindert	**partially sighted** ['pɑ:ʃəlɪ saɪtɪd]
Sehbehinderte/r	**partially sighted person** ['pɑ:ʃəlɪ saɪtɪd pɜ:sn]
sozialer Hilfsdienst	**social services** ['səʊʃəl s'sɜ:vɪsɪz]
Sozialstation	**social services centre** ['səʊʃəl s'sɜ:vɪsɪz 'sentə]
Steigung	**upward incline** ['ʌpwəd ɪn'klaɪn]
Stufe	**step** [step]
stufenloser Zugang	**stepless access** [steplɪs ækses]
stumm	**mute** [mju:t]
Taststock	**cane** [keɪn]
taub	**deaf** [def]
taubstumm, Taubstumme/r	**deaf-mute** [def mju:t]
Treppenstufe	**step, stair** [step, 'stɛə]
automatische Tür	**door, automatic** [dɔ:, ˌɔ:tə'mætɪk]
Türbreite	**door width** [dɔ: wɪdθ]
automatischer Türöffner	**door opener, automatic** [dɔ: ˌəʊpnə, ˌɔ:tə'mætɪk]
Türschwelle	**doorstep** [dɔ:step]
unterfahrbahr	**good clearance** ['gʊd 'klɪərəns]
Zeichensprache	**sign language** [saɪn 'læŋgwɪdʒ]
Zugänglichkeit	**accessibility** [ækˌsesɪ'bɪlɪtɪ]

UNTERKUNFT

Das Spektrum an Hotels und Gasthäusern *(guest houses)* erstreckt sich von luxuriösen 5-Sterne-Hotels bis zu bescheidenen Pensionen *(bed & breakfast houses)*, die Preise und Leistungen variieren entsprechend. Wer Urlaub für Selbstversorger *(self-catering)* machen will, kann Appartments und Ferienhäuser *(holiday homes)* mieten. Vollständig ausgestattete Campingplätze *(camping sites)* gibt es in der Nähe fast jeder größeren Stadt, meistens gut beschildert und leicht zu finden. Ein großes Netz an Jugendherbergen *(youth hostels)*, besonders in Wander- und Klettergebieten, stellt eine preisgünstige Unterkunftsmöglichkeit dar.

Auskunft

Können Sie mir bitte ... empfehlen?	**Can you recommend ..., please?** [kən‿jʊ ˌrekə'mend ... pliːz]
ein gutes Hotel	**a good hotel** [ə gʊd həʊ'tel]
ein einfaches Hotel	**a cheap hotel** [ə tʃiːp həʊ'tel]
eine Pension	**a guest house** [ə 'gesthaʊs]
ein Privatzimmer	**a bed-and-breakfast place** [ə 'bedn 'brekfəst pleɪs]
Ist es zentral/ruhig/in Strandnähe gelegen?	**Is it central/quiet/near the beach?** [ɪz‿ɪt 'sentrəl/'kwaɪət/nɪə ðə 'biːtʃ]
Gibt es hier einen Campingplatz / eine Jugendherberge?	**Is there a camping site / a youth hostel here?** ['ɪz ðeər‿ə 'kæmpɪŋ saɪt / ə 'juːθ 'hɒstl hɪə]

Hotel – Pension – Privatzimmer

An der Rezeption

Ich habe bei Ihnen ein Zimmer reserviert. Mein Name ist ...	**I've reserved a room. My name's ...** [aɪv rɪ'zɜːvd‿ə 'ruːm. maɪ 'neɪmz ...]
Haben Sie noch Zimmer frei?	**Have you got any vacancies?** [həv jʊ gɒt‿ˌenɪ‿'veɪkənsɪz]
... für eine Nacht.	**... for one night.** [fə 'wʌn 'naɪt]
... für zwei Tage.	**... for two days.** [fə 'tuː 'deɪz]
... für eine Woche.	**... for a week.** [fər‿ə 'wiːk]
Nein, wir sind leider belegt.	**No, I'm afraid we're fully booked.** [nəʊ aɪm‿ə'freɪd wɪə 'fʊlɪ bʊkt]
Ja, was für ein Zimmer wünschen Sie?	**Yes, (sir/madam,) what sort of room would you like?** ['jes (sɜː/'mædəm) 'wɒt sɔːt‿əv 'ruːm wʊd jʊ 'laɪk]
ein Einzelzimmer	**a single room** [ə 'sɪŋgl ruːm]
ein Zweibettzimmer	**a double room with twin beds** [ə 'dʌbl ruːm wɪð 'twɪn 'bedz]
ein ruhiges Zimmer	**a quiet room** [ə 'kwaɪət ruːm]
mit Dusche	**with a shower** [wɪð ə 'ʃaʊə]
mit Bad	**with a bath** [wɪð ə 'bɑːθ]
mit Blick aufs Meer	**with a view of the sea** [wɪð ə 'vjuː‿əv ðə 'siː]

Kann ich das Zimmer ansehen?	**Can I see the room?** [kən‿aɪ 'si: ðə 'ru:m]
Können Sie noch ein drittes Bett/Kinderbett dazustellen?	**Can you put another bed in the room?** [kən‿jʊ pʊt‿ə'nʌðə 'bed ɪn ðə ru:m]
Was kostet das Zimmer mit ...	**How much is the room with ...** ['haʊ 'mʌtʃ ɪz ðə ru:m wɪð]
Frühstück?	**breakfast?** ['brekfəst]
Halbpension?	**breakfast and evening meal?** ['brekfəst‿ən‿'ɪvnɪŋ 'mi:l]
Vollpension?	**full board?** ['fʊl 'bɔ:d]
Wo kann ich den Wagen abstellen?	**Where can I park the car?** ['weə kən‿aɪ pɑ:k ðə 'kɑ:]
In unserer Garage./Auf unserem Parkplatz.	**In our garage/car park.** [ɪn‿aʊə 'gærɑ:dʒ/'kɑ:pɑ:k]

Fragen und Bitten

➢ **auch Frühstück (Speisekarte, Kap. Gastronomie)**

Ab wann gibt es Frühstück?	**When is breakfast served?** [wen ɪz 'brekfəst sɜ:vd]
Wann sind die Essenszeiten?	**When are the meals served?** [wen‿'ɑ: ðə mi:lz sɜ:vd
Wo ist der Speisesaal?	**Where's the restaurant?** ['weəz ðə 'restərɔ̃:ŋ]

Wecken Sie mich bitte morgen früh um ... Uhr.	**Please wake me at ... o'clock in the morning.** [pli:z 'weɪk mɪ‿ət ... ɒ'klɒk‿ɪn ðə 'mɔ:nɪŋ]
Bitte meinen Schlüssel.	**My key, please.** [maɪ 'ki: pli:z]

Beanstandungen

Das Zimmer ist nicht gereinigt worden.	**The room hasn't been cleaned.** [ðə ru:m 'hæznt bɪn 'kli:nd]
... funktioniert nicht.	**... doesn't work.** ['dʌznt 'wɜ:k]
Der Wasserhahn tropft.	**The tap drips.** [ðə 'tæp drɪps]
Es kommt kein (warmes) Wasser.	**There's no (warm) water.** [ðeəz 'nəʊ (wɔ:m) 'wɔ:tə]
Die Toilette/Das Waschbecken ist verstopft.	**The toilet/washbasin is blocked up.** [ðə 'tɔɪlɪt/'wɒʃˌbeɪsn ɪz 'blɒkt 'ʌp]

Abreise

Ich reise heute Abend/morgen um ... Uhr ab.	**I'm leaving this evening/tomorrow at ... o'clock.** [aɪm 'li:vɪŋ ðɪs‿'i:vnɪŋ/ tə'mɒrəʊ‿ət ... ə'klɒk]
Machen Sie bitte die Rechnung fertig.	**I'd like my bill, please.** [aɪd laɪk maɪ 'bɪl pli:z]

Nehmen Sie Euro?	**Do you accept euros?** [dʊ‿jʊ ək'sept 'jʊərəʊs]
Rufen Sie mir bitte ein Taxi.	**Would you call a taxi for me, please.** [wʊd‿jʊ kɔːl‿ə 'tæksɪ fə miː pliːz]
Vielen Dank für alles! Auf Wiedersehen!	**Thank you very much for everything. Goodbye!** ['θæŋk jʊ 'verɪ 'mʌtʃ fər‿'evrɪθɪŋ. ˌgʊd 'baɪ]

Abendessen	**dinner** ['dɪnə]
Anmeldung	**registration** [ˌredʒɪs'treɪʃn]
Aschenbecher	**ashtray** ['æʃtreɪ]
Aufenthaltsraum	**lounge** [laʊnʒ]
Aufzug	**lift (*Am* elevator)** [lɪft, 'elɪveɪtə]
Badewanne	**bath** [bɑːθ]
Badezimmer	**bathroom** ['bɑːθrʊm]
Balkon	**balcony** ['bælkənɪ]
Bett	**bed** [bed]
Bettdecke	**blanket** ['blæŋkɪt]
Bettwäsche	**bed linen** ['bedˌlɪnɪn]
Dusche	**shower** ['ʃaʊə]
Empfangshalle	**reception** [rɪ'sepʃn]
Etage	**floor, storey** [flɔː, 'stɔːrɪ]
Fenster	**window** ['wɪndəʊ]
Fernseher	**television, TV** ['telɪˌvɪʒn, ˌtiː'viː]
Fernsehraum	**television lounge** ['telɪˌvɪʒn laʊnʒ]
Frühstück	**breakfast** ['brekfəst]
Frühstücksbüfett	**buffet breakfast** ['bʊfeɪ 'brekfəst]
Frühstücksraum	**breakfast room** ['brekfəstrʊm]
Garage	**garage** ['gærɑːdʒ]
Halbpension	**half board** ['hɑːf 'bɔːd]

Handtuch	**towel** ['taʊəl]
Hauptsaison	**high season** ['haɪ ˌsi:zn]
Heizung	**heating** ['hi:tɪŋ]
Kleiderbügel	**coathanger** ['kəʊtˌhæŋə]
Klimaanlage	**air-conditioning** ['eəkənˌdɪʃnɪŋ]
Kopfkissen	**pillow** ['pɪləʊ]
Lampe	**lamp** [læmp]
Licht	**light** ['laɪt]
Lichtschalter	**light switch** ['laɪtswɪtʃ]
Matratze	**mattress** ['mætrɪs]
Minibar	**mini-bar** ['mɪnɪbɑ:]
Mittagessen	**lunch** [lʌntʃ]
Motel	**motel** [məʊ'tel]
Nachsaison	**low season** ['ləʊ ˌsi:zn]
Nachttisch	**bedside table** ['bedsaɪd 'teɪbl]
Nachttischlampe	**reading lamp** ['ri:dɪŋlæmp]
Parkplatz	**car park** ['kɑ:pɑ:k]
Pension	**guest house** ['gesthaʊs]; *(Halb~/Voll~)* **half/full board** ['hɑ:f/'fʊl 'bɔ:d]
Portier	**porter** ['pɔ:tə]
Radio	**radio** ['reɪdɪəʊ]
reinigen	**clean** [kli:n]
Reservierung	**reservation** [ˌrezə'veɪʃn]
Rezeption	**reception** [rɪ'sepʃn]
Safe	**safe** [seɪf]
Schlüssel	**key** [ki:]
Schrank	**cupboard** ['kʌbəd]
Sessel	**armchair** ['ɑ:m'tʃeə]
Speisesaal	**dining room** ['daɪnɪŋrʊm]
Spiegel	**mirror** ['mɪrə]
Steckdose	**(wall)socket** [('wɔ:l)'sɒkɪt]
Stecker	**plug** [plʌg]
Swimmingpool	**swimming pool** ['swɪmɪŋpu:l]

Terrasse	**terrace** ['terəs]
Toilette	**lavatory, toilet** ['lævətrɪ, 'tɔɪlɪt]
Toilettenpapier	**toilet paper** ['tɔɪlɪtˌpeɪpə]
Transferbus	**transfer bus** ['trænsfɜː bʌs]
Türcode	**door code** [dɔː kəʊd]
Übernachtung	**board** [bɔːd]
Ventilator	**ventilator** ['ventɪˌleɪtə]
Verlängerungswoche	**an extra week** [ən‿ekstrə wiːk]
Vollpension	**full board** ['fʊl 'bɔːd]
Vorsaison	**low season** ['ləʊ ˌsiːzn]
Waschbecken	**washbasin** ['wɒʃˌbeɪsn]
Wäschewechsel	**change of bed linen** [tʃeɪnʒ‿əv 'bedˌlɪnɪn]
Wasser	**water** ['wɔːtə]
kaltes Wasser	**cold water** ['kəʊld 'wɔːtə]
warmes Wasser	**warm water** ['wɔːm 'wɔːtə]
Wasserglas	**tumbler, glass** ['tʌmblə, glɑːs]
Wasserhahn	**tap** (*Am* **faucet**) [tæp, 'fɔːsɪt]
Wolldecke	**blanket** ['blæŋkɪt]
Zimmer	**room** [ruːm]
Zimmermädchen	**(chamber)maid** [('tʃeɪmbə)meɪd]
Zimmerservice	**room service** [ruːm sɜːvɪs]
Zimmertelefon	**in-room telephone** [ɪn ruːm telɪfəʊn]
Zwischenstecker	**adapter** [ə'dæptə]

Ferienhäuser und Ferienwohnungen

Ist der Strom-/Wasserverbrauch im Mietpreis enthalten?
Is electricity/water included in the price? [ɪz‿ɪˌlek'trɪsɪtɪ/'wɔːtə ɪn'kluːdɪd‿ɪn ðə 'praɪs]

Sind Haustiere erlaubt?
Are pets allowed? [ɑː 'pets‿ə'laʊd]

Wo befinden sich die Mülltonnen?
Where are the dustbins? ['weərə ðə 'dʌsbɪnz]

Müssen wir die Endreinigung selbst übernehmen?
Do we have to clean the flat before we leave? [dʊ‿wɪ hæv‿tə 'kliːn ðə flæt bɪ'fɔː wɪ 'liːv]

➢ **auch Wortliste Hotel – Pension – Privatzimmer**

Anreisetag	**day of arrival** [deɪ‿əv‿ə'raɪvl]
Apartment	**flat (*Am* apartment)** [flæt, ə'pɑːtmənt]
Bauernhof	**farm** [fɑːm]
Bungalow	**bungalow** ['bʌŋgələʊ]
Etagenbett	**bunk bed** ['bʌŋk ˌbed]
Ferienanlage	**holiday camp** ['hɒlədɪ kæmp]
Ferienhaus	**holiday home** ['hɒlədɪ ˌhəʊm]
Geschirr	**crockery** ['krɒkərɪ]
Geschirrtuch	**tea towel** ['tiː ˌtaʊəl]
Geschirrspülmaschine	**dishwasher** ['dɪʃˌwɒʃə]
Hausbesitzer/in	**landlord/landlady** ['lænlɔːd, 'lænˌleɪdɪ]
Haustiere	**pets** [pets]
Herd	**cooker, stove** ['kʊkə, stəʊv]
Kaffeemaschine	**coffee machine** ['kɒfɪ mə'ʃiːn]
Kochnische	**kitchenette** [ˌkɪtʃɪ'net]
Küche	**kitchen** ['kɪtʃɪn]
Kühlschrank	**refrigerator, fridge** [rɪ'frɪdʒəreɪtə, frɪdʒ]

Miete	**rent** [rent]
Mikrowelle	**microwave** [maɪkrəʊweɪv]
Müll	**rubbish** (*Am* **garbage**) ['rʌbɪʃ, 'gɑːbɪdʒ]
Nebenkosten	**additional costs, extras** [ə'dɪʃənl 'kɒsts, 'ekstrəz]
Schlafcouch	**studio couch** ['stjuːdɪəʊ kaʊtʃ]
Schlafzimmer	**bedroom** ['bedrʊm]
Schlüsselübergabe	**hand over of the key** [hænd 'əʊvə əv ðə kiː]
Selbstversorgung	**self-catering** [self 'keɪtərɪŋ]
Strom	**electricity** [ˌɪlek'trɪsətɪ]
Strompauschale	**flat rate for electricity** ['flæt 'reɪt fə ˌɪlek'trɪsɪtɪ]
Stromspannung	**voltage** ['vəʊltɪdʒ]
Studio	**studio** ['stjuːdɪəʊ]
Toaster	**toaster** ['təʊstə]
vermieten	**let, rent** [let, rent]
Waschmaschine	**washing machine** ['wɒʃɪŋ mə'ʃiːn]
Wasserverbrauch	**water consumption** [wɔːtə kən'sʌmpʃən]
Wohnzimmer	**living room** ['lɪvɪŋrʊm]
Zentralheizung	**central heating** ['sentrəl 'hiːtɪŋ]

Camping

Haben Sie noch Platz für einen Wohnwagen/ein Zelt?	**Have you got room for another caravan/tent?** [həv‿jʊ gɒt ruːm fər‿ə'nʌðə 'kærəvæn/'tent]
Wie hoch ist die Gebühr pro Tag und Person?	**How much does it cost per day and person?** ['haʊ 'mʌtʃ dʌz‿ɪt 'kɒst pə 'deɪ‿ən 'pɜːsn]
Wie hoch ist die Gebühr für ...	**What's the charge for ...** ['wɒts ðə 'tʃɑːdʒ fə]
das Auto?	**the car?** [ðə 'kɑː]
den Wohnwagen?	**the caravan?** [ðə 'kærəvæn]
das Wohnmobil?	**the mobile home?** [ðə 'məʊbaɪl 'həʊm]
das Zelt?	**the tent?** [ðə 'tent]
Vermieten Sie stationäre Wohnwagen?	**Do you rent stationary caravans?** [dʊ‿jʊ rent 'steɪʃənərɪ 'kərəvænz]
Wir bleiben ... Tage/ Wochen.	**We'll be staying for ... days/weeks.** [wiːl bɪ 'steɪɪŋ fə ... 'deɪz/'wiːks]
Wo sind ...	**Where are ...** ['weər‿ə]
die Toiletten?	**the toilets?** [ðə 'tɔɪlɪts]
die Waschräume?	**the washrooms?** [ðə 'wɒʃruːmz]
die Duschen?	**the showers?** [ðə 'ʃaʊəz]

Camping	**camping** ['kæmpɪŋ]
Jugendherberge	**youth hostel** [juːθ 'hɒstəl]

Campingführer	**camping guide** ['kæmpɪŋ gaɪd]
Campingplatz	**camping site** ['kæmpɪŋsaɪt]
Gasflasche	**gas canister** ['gæs 'kænɪstə]
Gaskartusche	**gas cartridge** ['gæs 'kɑːtrɪdʒ]
Gaskocher	**gas cooker** ['gæsˌkʊkə]
Geschirrspülbecken	**sink** [sɪŋk]
Kocher	**cooker** ['kʊkə]
Petroleumlampe	**paraffin lamp** ['pærəfɪn læmp]
Propangas	**calor gas** ['kælə gæs]
Schlafsack	**sleeping bag** ['sliːpɪŋ bæg]
Steckdose	**(wall)socket** [('wɔːl)'sɒkɪt]
Stecker	**plug** [plʌg]
Strom	**electricity** [ˌɪlek'trɪsətɪ]
Stromanschluss	**electric point** [ɪ'lektrɪk 'pɔɪnt]
Trinkwasser	**drinking water** ['drɪŋkɪŋwɔːtə]
Voranmeldung	**booking** ['bʊkɪŋ]
Waschraum	**washroom** ['wɒʃrʊm]
Wasser	**water** ['wɔːtə]
Wasserkanister	**water canister** ['wɔːtə 'kænɪstə]
Wohnmobil	**camper** ['kæmpə]
Wohnwagen	**caravan** ['kærəvæn]
Zelt	**tent** [tent]
zelten	**camp** [kæmp]

GASTRONOMIE

Die Restaurantpreise weisen meist auf die zu erwartende Qualität hin. *Fish and chips* bekommt man für 3, aber auch für 30 Pfund – mit entsprechend breiter Skala bezüglich Essensqualität und Ambiente der Gaststätte. Nur wenige Restaurants servieren eine rein „britische Küche" *(British cuisine/cooking)*. Die meisten Restaurants, die nicht ausländische Spezialitäten (indisch, chinesisch, italienisch, mexikanisch usw.) anbieten, haben bunt gemischte Speisekarten *(menus)* mit Gerichten, die Elemente aus der ganzen Welt integrieren.
In Großbritannien gibt es eine große Anzahl asiatischer Restaurants, was zu viel Konkurrenz und entsprechend günstigen Preise bei bester Qualität geführt hat. Bitte beachten Sie, dass die Briten inzwischen an das besonders scharfe asiatische Essen gewöhnt sind! Der ausländische Besucher ist gut beraten, genau auf Hinweise in den Speisenkarten bezüglich der Schärfe des Essens zu achten!

Essen gehen

Wo gibt es hier ...	**Is there ... here?** ['ɪz ðɛər‿... 'hɪə]
ein gutes Restaurant?	**a good restaurant** [‿ə 'gʊd 'restərɔ̃:ŋ]
ein nicht zu teures Restaurant?	**an inexpensive restaurant** [ən‿ˌɪnɪk'spensɪv 'restərɔ̃:ŋ]
einen Schnellimbiss?	**a fast food restaurant** [ə 'fɑ:stˌfu:d 'restərɔ̃:ŋ]

Im Restaurant

Reservieren Sie uns bitte für heute Abend einen Tisch für 4 Personen.

Would you reserve us a table for four for this evening, please? ['wʊd‿jʊ rɪ'zɜːv‿əs‿ə 'teɪbl fə 'fɔː fə ðɪs‿'iːvnɪŋ pliːz]

Ist dieser Tisch/Platz noch frei?

Is this table/seat free? [ɪz ðɪs 'teɪbl/'siːt 'friː]

Einen Tisch für 2/3 Personen, bitte.

A table for two/three, please. [ə 'teɪbl fə 'tuː/'θriː pliːz]

Einen Tisch für ... Personen in der Nichtraucherzone, bitte.

A table for ... in the no-smoking area, please. [ə 'teɪbl fə ... ɪn ðə 'nəʊ'sməʊkɪŋ 'eərɪə pliːz]

Wo sind bitte die Toiletten?

Where are the toilets, please? ['weərə ðə 'tɔɪlɪts pliːz]

Darf ich rauchen?

Do you mind if I smoke? [djʊ 'maɪnd‿ɪf‿aɪ 'sməʊk]

Bestellung

Herr Ober/Bedienung,

Waiter, could I have ... ['weɪtə, 'kʊd‿aɪ hæv]

die Speisekarte,
die Getränkekarte,
die Weinkarte, bitte.

the menu, [ðə 'menjuː]
the drinks list, [ðə drɪnks lɪst]
the wine list, please. [ðə 'waɪn lɪst pliːz]

Was können Sie mir empfehlen?

What can you recommend? ['wot kən‿jʊ ˌrekə'mend]

Gibt es auch Kinderportionen?	**Do you do half portions for children?** [dʊ‿jʊ duː 'hɑːf 'pɔːʃnz fə 'tʃɪldrən]
Haben Sie schon gewählt?	**Are you ready to order?** [ɑː‿jʊ 'redɪ tʊ‿'ɔːdə]
Ich nehme ...	**I'll have ...** [aɪl hæv]
Als Vorspeise/Hauptgericht/ Nachtisch nehme ich ...	**I'll have ... as a starter/for the main course/for dessert.** [aɪl hæv ...əz ‿ə stɑːtə/fə ðə 'meɪn 'kɔːs/fə dɪ'zɜːt]
Ich möchte keine Vorspeise, danke.	**I don't want a starter, thank you.** [aɪ 'dəʊnt 'wont‿ə 'stɑːtə 'θæŋkjʊ]
Könnte ich statt ... ... haben?	**Could I have ... instead of ...?** [kʊd‿aɪ hæv '... ɪn'sted‿əv]
Ich vertrage kein/e ...	**I'm allergic to ...** [aɪm‿a'lɜːdʒɪk tʊ]
Könnten Sie das Gericht ohne ... zubereiten?	**Could you make this dish without ...?** ['kʊd‿jʊ meɪk ðɪs ˌdɪʃ wɪð'aʊt]
Wie möchten Sie Ihr Steak haben?	**How would you like your steak?** ['haʊ wʊd‿jʊ 'laɪk jɔː 'steɪk]
gut durch	**well-done** ['wel'dʌn]
halb durch	**medium** ['miːdjəm]
englisch	**rare** [reə]

Wenn man in England ein blutiges Steak essen will, wäre es falsch „englisch" zu bestellen. Die Skala reicht von gut durch *(well done)*, medium *(medium)*, halb-blutig *(medium rare)* bis blutig *(rare)*. Es ist die absolute Ausnahme, dass ein Brite sein Steak blutig haben will, d.h. die deutsche Bezeichnung „englisch" ist alles andere als englisch!

Was wollen Sie trinken?	**What would you like to drink?** ['wot wʊd‿jʊ 'laɪk tə 'drɪŋk]
Bitte ein Glas ...	**A glass of ..., please.** [ə 'glɑ:s‿əv ... pli:z]
Bitte eine Flasche/eine halbe Flasche ...	**A bottle of/Half a bottle of ..., please.** [ə 'bɒtl‿əv/'hɑ:f‿ə 'bɒtl‿əv ... pli:z]
Guten Appetit!	**Enjoy your meal!** [ɪn'dʒɔɪ jɔ: mi:l]

Es gibt keine Entsprechung für die Formulierung „Guten Appetit". Vor dem Essen kann man *Enjoy your meal* sagen, aber üblicherweise sagt man gar nichts.

Zum Wohl!	**Cheers!** [tʃɪəz]
Haben Sie noch einen Wunsch?	**Would you like anything else?** [wʊd‿jʊ 'laɪk‿'enɪθɪŋ‿'els]
Bitte bringen Sie uns ...	**Bring us ..., please.** ['brɪŋ‿əs ... pli:z]
Könnten wir noch etwas Brot/Wasser/Wein bekommen?	**Could we have some more bread/water/wine, please?** [kʊd wɪ hæv 'sʌm‿'mɔ: 'bred/ 'wɔ:tə/ 'waɪn pli:z]

Beanstandungen

Hier fehlt ein/e ...	**We need another ...** [wɪ ni:d ə'nʌðə]
Haben Sie mein/e ... vergessen?	**Have you forgotten my ...?** [həv‿jʊ fə'gɒtn maɪ]
Das habe ich nicht bestellt.	**I didn't order that.** [aɪ 'dɪdnt 'ɔ:də 'ðæt]
Die Suppe ist kalt/versalzen.	**The soup's cold/too salty.** [ðə su:ps 'kəʊld/ tu: sɔ:ltɪ]

Das Fleisch ist zäh/zu fett.	**The meat's tough/too fat.** [ðə miːts 'tʌf/tuː 'fæt]
Der Fisch ist nicht frisch.	**The fish isn't fresh.** [ðə 'fɪʃ ɪznt 'freʃ]
Es tut mir Leid, aber der Wein schmeckt nack Kork.	**I'm afraid the wine is corked.** [aɪm‿ə'freɪd ðə waɪn ɪz kɔːkt]
Nehmen Sie es bitte zurück.	**Take it back, please.** [teɪk‿ɪt 'bæk pliːz]
Holen Sie bitte den Chef.	**Fetch the manager, please.** ['fetʃ ðə 'mænɪdʒə pliːz]

Die Rechnung

Bezahlen, bitte.	**Could I have the bill, please?** ['kʊd‿aɪ hæv ðə 'bɪl pliːz]
Bitte alles zusammen.	**All together, please.** ['ɔːl tə'geðə pliːz]
Getrennte Rechnungen, bitte.	**Separate bills, please.** ['seprɪt 'bɪlz pliːz]
Ist die Bedienung inklusive?	**Is service included?** [ɪz 'sɜːvɪs ˌɪn'kluːdɪd]
Die Rechnung scheint mir nicht zu stimmen.	**There seems to be a mistake on the bill.** [ðeə 'siːmz tə biː‿ə mɪ'steɪk‿ɒn ðə 'bɪl]
Das habe ich nicht gehabt. Ich hatte ...	**I didn't have that. I had ...** [aɪ 'dɪdnt 'hæv 'ðæt. aɪ 'hæd]
Hat es geschmeckt?	**Did you enjoy your meal?** [dɪd‿jʊ‿ɪn'dʒɔɪ jɔː 'miːl]
Das Essen war ausgezeichnet.	**The food was excellent.** [ðə 'fuːd wəz‿'eksələnt]

Das ist für Sie.	**That's for you.** ['ðæts fə 'juː]
Es stimmt so.	**Keep the change.** ['kiːp ðə 'tʃeɪnʒ]

Pubs

Was möchten Sie?	**What would you like?** ['wɒt wʊd‿jʊ 'laɪk]
Ein großes Dunkles, bitte.	**A pint of mild, please.** [ə paɪnt‿əv maɪld pliːz]
Ein kleines Helles, bitte.	**A half-pint of lager, please.** [ə paɪnt‿əv 'lɑːgə pliːz]
Haben Sie deutsche/holländische/belgische Biere?	**Do you have any German/Dutch/ Belgian beers?** [du jʊ 'hæv 'enɪ 'dʒɜːmən/ dʌtʃ/ beldʒən bɪəz]
Ein Bier, bitte.	**A beer, please.** [ə bɪə pliːz]
Möchten Sie noch etwas trinken?	**Would you like another drink?** [wʊd‿jʊ 'laɪk ə'nʌðə drɪŋk]
Das Gleiche noch einmal.	**Same again, please.** [seɪm‿ə'gen pliːz]
Diese Runde übernehme ich.	**I'll pay for this round.** [aɪl peɪ fə ðɪs raʊnd]
Diese Runde geht auf mich.	**This round is on me.** [ðɪs raʊnd iz ɒn mɪː]
Zum Wohl! / Prost!	**Cheers!** [tʃɪəz]
Zwei Tüten Kartoffelchips, bitte.	**Two bags of crisps, please.** [tuː bægz‿əv krɪspz pliːz]

Welche Geschmacksrichtung?	**What flavour?** ['wɒt 'fleɪvə]
Also, meine Herrschaften, wir schließen gleich!	**Time, Ladies and Gentlemen, please.** [taɪm 'leɪdɪz‿ənd dʒentlmen pliːz]
Dürfen wir um Ihre letzten Bestellungen bitten?	**Last orders, please!** ['lɑːst 'ɔːdəz pliːz]

➢ **auch Wortliste Lebensmittel (Kap. Einkaufen)**

Abendessen	**dinner** ['dɪnə]
alkoholfrei	**non-alcoholic** ['nɒnælkə'hɒlɪk]
Aschenbecher	**ashtray** ['æʃtreɪ]
Besteck	**cutlery** ['kʌtlərɪ]
Bestellung	**order** ['ɔːdə]
Diabetiker	**diabetic** [ˌdaɪə'betɪk]
Dressing	**dressing** ['dresɪŋ]
Essig	**vinegar** ['vɪnɪgə]
Fass, vom	**draught** [drɑːft]
Feinschmeckerlokal	**gourmet restaurant** ['gʊəmeɪ 'restərɔ̃ːŋ]
Fleck	**stain** ['steɪn]
Frühstück	**breakfast** ['brekfəst]
Gabel	**fork** [fɔːk]
Gang	**course** [kɔːs]
Gedeck	**cover** [kʌvər]
Gericht	**dish** [dɪʃ]
Getränk	**drink** [drɪŋk]
Gewürz	**seasoning, spice** ['siːznɪŋ, spaɪs]
Glas	**glass** [glɑːs]
Wasserglas	**tumbler, glass** ['tʌmblə, glɑːs]
Weinglas	**wineglass** ['waɪnglɑːs]

Gräte	**fishbone** ['fɪʃbəʊn]
hart (gekocht)	**hard-boiled** ['hɑːdˌbɔɪld]
Hauptspeise	**main course** ['meɪn 'kɔːs]
hausgemacht	**home-made** [ˌhəʊm'meɪd]
heiß	**hot** [hɒt]
hungrig sein	**be hungry** [biː'hʌŋgrɪ]
Karaffe	**carafe** [kə'ræf]
Kellner/in	**waiter/waitress** ['weɪtə/'weɪtrɪs]
Ketschup	**ketchup** ['ketʃʌp]
Kinderteller	**children's portion** ['tʃɪldrənz 'pɔːʃn]
Knochen	**bone** [bəʊn]
Koch	**cook** [kʊk]
Korkenzieher	**corkscrew** ['kɔːkskruː]
lieblich *(Wein)*	**sweet** [swiːt]
Löffel	**spoon** [spuːn]
Teelöffel	**teaspoon** ['tiːspuːn]
Majonäse	**mayonnaise** [ˌmeɪə'neɪz]
Menü	**set meal/menu** ['set 'miːl/'menjuː]
Messer	**knife** [naɪf]
Mittagessen	**lunch** [lʌntʃ]
Nachtisch	**dessert, sweet** [dɪ'zɜːt, swiːt]
Ober (*Anrede*)	**waiter** ['weɪtə]
Öl	**oil** [ɔɪl]
Pfannengericht	**fry-up** ['fraɪʌp]
Pfeffer	**pepper** ['pepə]
Pfefferstreuer	**pepper-pot** ['pepəpɒt]
Portion	**portion** ['pɔːʃn]
Rost	**grill** [grɪl]
Salatbüfett	**salad bar** ['sæləd bɑː]
Salz	**salt** [sɔːlt]
Salzstreuer	**salt cellar** ['sɔːltˌselə]

Scheibe	**slice** [slaɪs]
Schonkost	**diet** ['daɪət]
Schüssel	**dish, bowl** [dɪʃ, bəʊl]
Senf	**mustard** ['mʌstəd]
Serviette	**serviette, napkin** [ˌsɜːvɪ'et, 'næpkɪn]
Soße	**sauce;** *(zum Braten)* **gravy** [sɔːs, 'greɪvɪ]
Speisekarte	**menu** ['menjuː]
Spezialität	**speciality** [ˌspeʃɪ'ælɪtɪ]
Strohhalm	**straw** [strɔː]
Suppe	**soup** [suːp]
Suppenteller	**soup plate** [suːp pleɪt]
Süßstoff	**sweetener** ['swiːtnə]
Tagesgericht	**dish of the day** ['dɪʃ‿əv ðə 'deɪ]
Tagesmenü	**menu of the day** ['menjuː‿əv ðə 'deɪ]
Tasse	**cup** [kʌp]
Untertasse	**saucer** ['sɔːsə]
Teller	**plate** [pleɪt]
Tischtuch	**tablecloth** ['teɪblklɒθ]
Trinkgeld	**tip** [tɪp]
trocken *(Wein)*	**dry** [draɪ]
vegetarisch	**vegetarian** [ˌvedʒɪ'teərɪən]
Vorspeise	**hors d'œuvre, starter** [ɔː'dɜːvr, 'stɑːtə]
Wasser	**water** ['wɔːtə]
würzen	**season** ['siːzn]
Zahnstocher	**toothpick** ['tuːθpɪk]
Zucker	**sugar** ['ʃʊgə]

Zubereitung

durchgebraten	**well-done** ['wel'dʌn]
gebacken	**baked** [beɪkt]
gebraten	**roasted** ['rəʊstɪd]
am Spieß	**spit-roasted** ['spɪtˌrəʊstɪd]
vom Grill	**grilled** [grɪld]
in der Pfanne	**fried** [fraɪd]
gedämpft	**steamed** [sti:md]
gedünstet	**steamed** [sti:md]
gefüllt	**stuffed** [stʌft]
gekocht	**boiled** [bɔɪld]
geräuchert	**smoked** [sməʊkt]
geröstet *(Brot)*	**toasted** ['təʊstɪd]
geschmort	**braised** [breɪzd]
überbacken	**au gratin** [ˌəʊ'grætæŋ]
gar	**done** [dʌn]
mager	**lean** [li:n]
roh	**raw** [rɔ:]
saftig	**juicy** ['dʒu:sɪ]
sauer	**sour** ['saʊə]
scharf	**hot** [hɒt]
süß	**sweet** [swi:t]
weich *(gekocht)*	**soft-boiled** ['sɒftˌbɔɪld]
zäh	**tough** [tʌf]
zart	**tender** ['tendə]

Menu Speisekarte

Breakfast	Frühstück
black coffee ['blæk 'kɒfɪ]	schwarzer Kaffee
coffee with milk ['kɒfɪ wɪð 'mɪlk]	Kaffee mit Milch
decaffeinated coffee [dɪ'kæfɪ͵neɪtɪd 'kɒfɪ]	koffeinfreier Kaffee
tea with milk/lemon [ti: wɪð 'mɪlk/'lemən]	Tee mit Milch/Zitrone
herbal tea ['hɜ:bəl ti:]	Kräutertee
hot chocolate ['hɒt 'tʃɒklɪt]	Schokolade
fruit juice ['fru:t dʒu:s]	Fruchtsaft
soft-boiled egg ['sɒft͵bɔɪld‿'eg]	weiches Ei
scrambled eggs ['skræmbld‿'egz]	Rühreier
bacon and eggs ['beɪkn‿ən‿'egz]	Eier mit Speck
bread/rolls/toast [bred/rəʊlz/təʊst]	Brot/Brötchen/Toast
croissant ['krwɑ:sɒŋ]	Hörnchen
butter ['bʌtə]	Butter
cheese [tʃi:z]	Käse
sausage [sɒsɪdʒ]	Wurst
ham [hæm]	Schinken
honey ['hʌnɪ]	Honig
jam [dʒæm]	Marmelade
marmalade ['mɑ:məleɪd]	Marmelade aus Zitrusfrüchten
cereal ['sɪərɪəl]	Cornflakes usw.
muesli ['mju:zlɪ]	Müsli
yoghurt ['jɒgət]	Joghurt
fruit [fru:t]	Obst

Hors d'œuvres	Vorspeisen
grapefruit juice ['greɪpfru:t dʒu:s]	Grapefruitsaft
orange juice ['ɒrɪndʒ dʒu:s]	Orangensaft
tomato juice [tə'mɑ:təʊ dʒu:s]	Tomatensaft
melon ['melən]	Melone
grapefruit cocktail ['greɪpfru:t 'kɒkteɪl]	Grapefruitcocktail
liver sausage ['lɪvə 'sɒsɪdʒ]	Leberwurst
ham [hæm]	Schinken
mussels ['mʌslz]	Muscheln
crab [kræb]	Krebs
lobster ['lɒbstə]	Hummer
oysters ['ɔɪstəz]	Austern
shrimp/prawn cocktail ['ʃrɪmp/'prɔ:n 'kɒkteɪl]	Garnelencocktail
smoked salmon ['sməʊkt 'sæmən]	Räucherlachs

Soups	Suppen
clear soup/consommé [klɪə su:p/kən'sɒmeɪ]	Fleischbrühe
cream of asparagus soup [kri:m‿əv əs'pærəgəs su:p]	Spargelcremesuppe
cream of chicken soup [kri:m‿əv 'tʃɪkɪn su:p]	Hühnercremesuppe
cream of mushroom soup [kri:m‿əv 'mʌʃrʊm su:p]	Champignoncremesuppe
cream of tomato soup [kri:m‿əv tə'mɑ:təʊ su:p]	Tomatencremesuppe

oxtail soup ['ɒksteɪl su:p]	Ochsenschwanzsuppe
pea soup ['pi: 'su:p]	Erbsensuppe
Scotch broth ['skɒtʃ 'brɒθ]	dicke Gemüsesuppe mit Fleisch
mulligatawney soup [ˌmʌlɪgə'tɔ:nɪ 'su:p]	Currysuppe
lentil soup ['lentɪl 'su:p]	Linsensuppe
vegetable soup ['vedʒtəbl su:p]	Gemüsesuppe

Egg dishes — Eierspeisen

bacon and eggs ['beɪkən‿ən‿'egz]	Spiegeleier mit Speck
fried eggs ['fraɪd 'egz]	Spiegeleier
ham and eggs ['hæm‿ən‿'egz]	Spiegeleier mit Schinken
hard-boiled/soft-boiled eggs ['hɑ:dbɔɪld/'sɒftbɔɪld egz]	harte/weiche Eier
cheese/mushroom/tomato omelette [(tʃi:z/'mʌʃrʊm/tə'mɑ:təʊ)'ɔmlɪt]	Käse-/Champignon-/Tomaten-Omelett
poached eggs ['pəʊtʃt 'egz]	verlorene Eier
scrambled eggs ['skræmbld 'egz]	Rühreier

Fish — Fisch

smoked [sməʊkt]	geräuchert
cod [kɒd]	Kabeljau
eel [i:l]	Aal
haddock ['hædək]	Schellfisch
kipper ['kɪpə]	Räucherhering, Bückling

mackerel ['mækrəl]	Makrele
plaice [pleɪs]	Scholle
salmon ['sæmən]	Lachs
sole [səʊl]	Seezunge
trout [traʊt]	Forelle
tuna ['tu:nə]	Thunfisch

Poultry — Geflügel

chicken ['tʃɪkɪn]	Hähnchen
duck(ling) ['dʌk(lɪŋ)]	(junge) Ente
goose [gu:s]	Gans
partridge ['pɑ:trɪdʒ]	Rebhuhn
pheasant ['feznt]	Fasan
turkey ['tɜ:kɪ]	Truthahn

Meat — Fleisch

beef [bi:f]	Rindfleisch
chop/cutlet [tʃɒp/'kʌtlɪt]	Kotelett
fillet (steak) ['fɪlɪt (steɪk)]	Filet(steak)
gammon ['gæmən]	Schinkensteak
ham [hæm]	Schinken
hamburger ['hæmbɜ:gə]	dt. Beefsteak
Irish stew ['aɪərɪʃ 'stju:]	Eintopf mit Fleisch und Kartoffeln
kidneys ['kɪdnɪz]	Nieren
lamb (with mint sauce) [læm (wɪð 'mɪnt 'sɔ:s)]	Lamm (mit einer sauren Minzsoße)
liver (and onions) ['lɪvə(r‿ən‿'ʌnjənz)]	Leber mit Zwiebeln
minced beef ['mɪnst 'bi:f]	Hackfleisch vom Rind
pork [pɔ:k]	Schweinefleisch

pork pie [pɔːk 'paɪ]	Pastete gefüllt mit Schweinefleisch in Aspik (kalt)
rabbit ['ræbɪt]	Kaninchen
rissoles ['rɪsəʊlz]	Frikadellen
roast beef & Yorkshire ['rəʊst 'biːf‿ən 'jɔːkʃə 'pʊdɪŋ]	Roastbeef mit einer Portion gebackenem Eierteig
rump steak ['rʌmp steɪk]	Rumpsteak
sausages ['sɒsɪdʒɪz]	Würstchen
shepherd's pie ['ʃepədz 'paɪ]	Auflauf aus Hackfleisch, Zwiebeln und Kartoffelbrei
sirloin steak ['sɜːlɔɪn steɪk]	Lendenstück vom Rind
steak & kidney pie ['steɪk‿ən 'kɪdnɪ 'paɪ]	Pastete gefüllt mit Rindfleisch und Nieren
T-bone steak ['tiːbəʊn steɪk]	Rindersteak mit T-förmigem Knochen
toad-in-the-hole ['təʊd‿ɪn ðə 'həʊl]	Würstchen in gebackenem Eierteig
tongue [tʌŋ]	Zunge
veal [viːl]	Kalbfleisch
veal, ham & egg pie ['viːl 'hæm‿ən 'eg 'paɪ]	Pastete gefüllt mit Kalbfleisch, Schinken und Ei
venison ['venɪzn]	Reh oder Hirsch
gravy ['greɪvɪ]	Fleischsoße

Vegetables — Gemüse

asparagus [əs'pærəgəs]	Spargel
baked beans ['beɪkt 'biːnz]	gebackene Bohnen in Tomatensoße
butter beans ['bʌtə biːnz]	weiße Bohnen
French beans [frentʃ biːnz]	grüne Bohnen
runner beans ['rʌnə biːnz]	Stangenbohnen
beetroot ['biːtruːt]	rote Beete (rote Rüben)
Brussel sprouts [brʌsl'spraʊts]	Rosenkohl

cabbage ['kæbɪdʒ]	Kohl
carrots ['kærəts]	Karotten
cauliflower ['kɒlɪflaʊə]	Blumenkohl
celery ['selərɪ]	Stangensellerie
chicory ['tʃɪkərɪ]	Chicorée
corn-on-the-cob ['kɔ:n‿ɔn ðə 'kɔb]	Maiskolben
cress [kres]	Kresse
cucumber ['kju:kʌmbə]	Gurke
leek [li:k]	Lauch
lettuce ['letɪs]	Kopfsalat
mushrooms ['mʌʃrʊmz]	Champignons
onions ['ʌnjənz]	Zwiebeln
peas [pi:z]	Erbsen
peppers ['pepəz]	Paprikaschoten
baked potatoes [beɪkt pə'teɪtəʊz]	gebackene Pellkartoffeln
mashed potatoes [mæʃt pə'teɪtəʊz]	Kartoffelbrei
salad ['sæləd]	Salat
sauté potatoes ['səʊteɪ pə'teɪtəʊz]	Schwenkkartoffeln
spinach ['spɪnɪdʒ]	Spinat
sweetcorn [swi:t'kɔ:n]	Mais
swede [swi:d]	weiße Rüben
tomatoes [tə'mɑ:təʊz]	Tomaten
turnips ['tɜ:nɪps]	Rüben

Cheese (& biscuits) — Käse (mit Kräckern)

Caerphilly [kɑ:'fɪlɪ]	trockener, weißer Käse
Cheddar ['tʃedə]	kräftiger Käse
Cheshire ['tʃeʃə]	Chesterkäse (mild)
Cottage cheese ['kɔtɪdʒ 'tʃi:z]	Hüttenkäse

cream cheese ['kri:m 'tʃi:z]	Frischkäse
Danish blue ['deɪnɪʃ 'blu:]	Blauschimmelkäse
Edam ['i:dæm]	Edamer
Gorgonzola [ˌgɔ:gən'zəʊlə]	Schimmelkäse
Stilton ['stɪltn]	scharfer Schimmelkäse

Dessert	**Nachtisch**
apple tart/pie ['æpl 'tɑ:t/'paɪ]	Apfelkuchen/gedeckter Apfelkuchen
cream [kri:m]	Sahne
custard ['kʌstəd]	Vanillesoße
fruit cake ['fru:t keɪk]	Kuchen mit viel Korinthen, Rosinen, usw.
fruit salad [fru:t 'sæləd]	Obstsalat
gooseberries ['gʊzbərɪz]	Stachelbeeren
ice-cream ['aɪs'kri:m]	Eis
jam tart [ˌdʒæm 'tɑ:t]	Törtchen mit Marmelade
pancakes ['pænkeɪks]	Pfannkuchen
pastries ['peɪstrɪz]	Gebäck
peaches ['pi:tʃɪz]	Pfirsiche
pears [peəz]	Birnen
pineapple ['paɪnˌæpl]	Ananas
rhubarb ['ru:bɑ:b]	Rhabarber
rice pudding ['raɪs 'pʊdɪŋ]	Reisbrei
stewed fruit ['stju:d 'fru:t]	Kompott
strawberries ['strɔ:bərɪz]	Erdbeeren
raspberries ['rɑ:zbərɪz]	Himbeeren
trifle ['traɪfl]	Löffelbiskuit mit Sherry, Früchten, Vanillesoße und Schlagsahne

Drinks Getränke

Alcoholic drinks	Alkoholische Getränke
wine [waɪn]	Wein
red [red]	rot
white [waɪt]	weiß
dry [draɪ]	trocken
sweet [swiːt]	lieblich
light [laɪt]	leicht
table wine ['teɪbl waɪn]	Tafelwein
vermouth ['vɜːməθ]	Wermut
Burgundy ['bɜːgəndɪ]	Burgunder
claret ['klærət]	roter Bordeaux
champagne [ʃæm'peɪn]	Champagner
sparkling wine ['spɑːklɪŋ waɪn]	Sekt
beer [bɪə]	Bier
bitter ['bɪtə]	halbdunkles Bier vom Fass
mild [maɪld]	dunkles Bier vom Fass
light/pale ale ['laɪt/'peɪl 'eɪl]	helles Flaschenbier
stout [staʊt]	Starkbier
lager ['lɑːgə]	helles Bier
cider ['saɪdə]	Apfelwein
cognac/brandy ['kɒnjæk/ 'brændɪ]	Kognak
gin [dʒɪn]	Gin
liqueur [lɪ'kjʊə]	Likör
rum [rʌm]	Rum
vodka ['vɒdkə]	Wodka
whisky ['wɪskɪ]	Whisky
malt whisky ['mɔːlt 'wɪskɪ]	Malt Whisky

Soft drinks	Alkoholfreie Getränke
coca cola®/pepsi cola® ("coke®") ['kəʊkə 'kəʊlə/ 'pepsɪ 'kəʊlə (kəʊk)]	Cola
lemonade [ˌlemə'neɪd]	Limonade
mineral water ['mɪnrl ˌwɔːtə]	Mineralwasser
tonic water ['tɒnɪk ˌwɔːtə]	Tonic
fruit juice ['fruːt dʒuːs]	Fruchtsaft
grapefruit juice ['greɪpˌfruːt dʒuːs]	Grapefruitsaft
lemon juice ['lemən dʒuːs]	Zitronensaft
orange juice ['ɒrɪndʒ dʒuːs]	Orangensaft
tomato juice [tə'mɑːtəʊ dʒuːs]	Tomatensaft

Hot drinks	Warme Getränke
tea (with milk/lemon) [tiː (wɪð 'mɪlk/'lemən)]	Tee (mit Milch/Zitrone)
coffee (with cream/milk) ['kɒfɪ (wɪð 'kriːm/'mɪlk)]	Kaffee (mit Sahne/Milch)
decaffeinated coffee [dɪ'kæfɪneɪtɪd 'kɒfɪ]	koffeinfreier Kaffee
hot chocolate ['hɒt 'tʃɒklɪt]	heiße Schokolade

Besichtigungen und Ausflüge

In Großbritannien finden Besucher mehr als genug Sehenswürdigkeiten. Überall im Lande können alte Schlösser *(castles)*, königliche Paläste *(palaces)* oder wunderschöne Landhäuser *(stately homes)* besichtigt werden, meistens mit entsprechend schön angelegten Gärten, die sich für Spaziergänge eignen. Geschichtsträchtige Architektur gibt es fast überall, ob Klöster *(abbeys)*, Kathedralen *(cathedrals)* oder Ruinen aus dem Mittelalter *(ruins)*, der römischen Besatzungszeit, sogar noch von den Druiden stammend.
In fast jeder größeren Stadt gibt es Museen *(museums)* und Kunstgalerien *(art galleries)*. Neben Museen mit allgemeiner Orientierung gibt es auch Spezialmuseen, wie zum Beispiel Transportmuseen *(museum of transport)*, Wissenschaftsmuseen *(science museum)* oder Naturkundemuseen *(natural history museum)*. Meist ist der Eintritt kostenlos oder sehr preisgünstig. Auch Bibliotheken wie zum Beispiel die *British Library* in London sind sehenswert, unter anderem wegen ihrer Architektur.
In Großbritannien können Sie Ausflüge der besonderen Art machen. In Schottland zum Beispiel eine Tour durch verschiedene Whiskydestillerien *(whisky trail)*. Noch ausgefallener ist die *Jack-the-Ripper-Tour* durch Londons East-End, die den Spuren des weltbekannten Massenmörders folgt.

Im Fremdenverkehrsamt

Ich möchte einen Stadtplan von ... haben.	**I'd like a map of ..., please.** [aɪd ˈlaɪk ə ˈmæp əv ðə ˈtaʊn pliːz]
Haben Sie einen Veranstaltungskalender für diese Woche?	**Have you got a diary of events for this week?** [həv jʊ gɒt‿ə ˈdaɪərɪ‿əv ɪˈvents fə ˈðɪs ˈwiːk]

Gibt es Stadtrundfahrten?	**Are there sightseeing tours of the town (city)?** ['ɑː‿ðeə 'saɪtˌsiːɪŋ tʊəz‿əv ðə 'taʊn ('sɪtɪ)]
Was kostet die Rundfahrt?	**How much does the tour cost?** ['haʊ 'mʌtʃ dʌz ðə 'tʊə 'kɒst]

Sehenswürdigkeiten – Museen

Öffnungszeiten, Führungen, Eintrittskarten

Welche Sehenswürdigkeiten gibt es hier?	**What places of interest are there here?** ['wɒt 'pleɪsɪz əv 'ɪntrɪst ɑː ðeə hɪə]
Sie müssen unbedingt ... besichtigen / besuchen.	**You really must see/visit ...** [jʊ rɪəlɪ mʌst siː/'vɪzɪt]
Wann ist das Museum geöffnet?	**When's the museum open?** ['wenz ðə mjʊ'zɪəm 'əʊpn]
Wann beginnt die Führung?	**When does the tour start?** ['wen dʌz ðə 'tʊə 'stɑːt]
Gibt es auch eine Führung in Deutsch?	**Is there a tour in German, too?** [ɪz ðeər‿ə tʊər‿ɪn 'dʒɜːmən 'tuː]
Darf man hier fotografieren?	**Are we allowed to take photographs here?** [ə wiː‿ə'laʊd tə teɪk 'fəʊtəgrɑːfs hɪə]
Zwei Eintrittskarten, bitte.	**Two tickets, please.** [tuː 'tɪkɪts pliːz]
Zwei Erwachsene und ein Kind.	**Two adults and one child.** [tuː 'ædʌlts ənd wʌn tʃaɪld]

Gibt es Ermäßigungen für ...	**Are there reductions for ...** ['ɑː ðeər rɪ'dʌkʃnz fə]
... Kinder?	**... children?** [tʃɪldrən]
... Studenten?	**... students?** ['stjuːdnts]
... Senioren?	**... senior citizens?** ['siːnɪə sɪtɪznz]
... Gruppen?	**... groups?** [gruːps]
Gibt es einen Katalog zur Ausstellung?	**Is there an exhibition catalogue?** ['ɪz ðeər‿ən 'eksɪbɪʃn 'kætəlɒg]

Was? Wann? Wo?

Ist das ...?	**Is this (that) ...?** [ɪz 'ðɪs ('ðæt)]
Wann wurde dieses Gebäude erbaut/restauriert?	**When was this building built/refurbished?** ['wen wəz 'ðɪs 'bɪldɪŋ 'bɪlt/ˌriːfɜːbɪʃt]
Aus welcher Epoche stammt dieses Bauwerk?	**From what era is this building?** [frɒm 'wɒt 'ɪərə ɪz 'ðɪs 'bɪldɪŋ]
Von wem ist dieses Bild?	**Which artist painted this picture?** ['huːz ðɪ‿'ɑːtɪst 'peɪntɪd ðɪs 'pɪktʃə]]
Haben Sie das Bild ... als Poster/Postkarte/Dia?	**Have you got a poster/postcard/ slide of ...?** [həv jʊ gɒt‿ə'pəʊstə/ 'pəʊskaːd/'slaɪd əv ...]

Allgemeines

Besichtigung	**tour** [tʊə]
Denkmalschutz	**protection of historical monuments** [prə'tekʃn əv hɪs'tɒrɪkəl 'mɒnjʊməntz]
Fremdenführer	**guide** [gaɪd]

Führung	**guided tour** ['gaɪdɪd 'tʊə]
Funde	**finds** [faɪndz]
Fußgängerzone	**pedestrian precinct** [pɪ'destriən 'pri:sɪŋkt]
Gasse	**lane, alley** [leɪn, 'ælɪ]
Geburtsstadt	**home town** [həʊm 'taʊn]
Geschichte	**history** ['hɪstrɪ]
Haus	**house** [haʊs]
Kaiser/in	**emperor** ['emprə]/**empress** ['emprɪs]
König/in	**king** [kɪŋ]/**queen** [kwi:n]
Kunst	**art** [ɑ:t]
Markt	**market** ['mɑ:kɪt]
Museum	**museum** [mju:'zɪəm]
Park	**park** [pɑ:k]
rekonstruieren	**reconstruct** [ˌri:kən'strʌkt]
Religion	**religion** [rɪ'lɪdʒn]
restaurieren	**restore** [rɪ'stɔ:]
Sehenswürdigkeiten	**sights** [saɪts]
Stadtrundfahrt	**sightseeing tour of the town/city** ['saɪtˌsi:ɪŋ'tʊər‿əv ðə 'taʊn/'sɪtɪ]
Stadtteil	**district** ['dɪstrɪkt]
Stadtzentrum	**town centre, city centre** ['taʊn 'sentə, 'sɪtɪ 'sentə]
Straße	**street, road** [stri:t, rəʊd]
Überreste	**remains** [rɪ'meɪnz]
Volkskundemuseum	**museum of mankind** [mju:'zɪəm‿əv mæn'kaɪnd]
Vorort	**suburb** ['sʌbɜ:b]
Wachablösung	**changing of the guard** ['tʃeɪnʒɪŋ‿əv ðə 'gɑ:d]
Wahrzeichen	**emblem, symbol** ['embləm, 'sɪmbl]

Architektur

Abtei	**abbey** ['æbɪ]
Altar	**altar** ['ɔːltə]
Altstadt	**the old town** [ðɪ‿'əʊld 'taʊn]
Archäologie	**archaeology** [ˌɑːkɪ'ɒlədʒɪ]
Architekt/in	**architect** ['ɑːkɪtekt]
Architektur	**architecture** ['ɑːkɪtektʃə]
Ausgrabungen	**excavations** [ˌekskə'veɪʃnz]
Bauwerk	**building** ['bɪldɪŋ]
Bogen	**arch** [ɑːtʃ]
Brücke	**bridge** [brɪdʒ]
Brunnen	**fountain** ['faʊntɪn]
Burg	**castle** ['kɑːsl]
Dach	**roof** [ruːf]
Decke	**ceiling** ['siːlɪŋ]
Denkmal	**monument** ['mɒnjʊmənt]
Dom	**cathedral** [kə'θiːdrl]
Fassade	**façade** [fə'sɑːd]
Fenster	**window** ['wɪndəʊ]
Festung	**fortress, castle** ['fɔːtrɪs, 'kɑːsl]
Flügel	**wing** [wɪŋ]
Friedhof	**graveyard, cemetery** ['greɪvjɑːd,'semɪtrɪ]
Gebäude	**building** ['bɪldɪŋ]
Gedenkstätte	**memorial** [mɪ'mɔːrɪəl]
Gewölbe	**vault(s)** [vɔːlt(s)]
Giebel	**gable** ['geɪbl]
Grab	**tomb, grave** [tuːm, greɪv]
Grabmal	**monument** ['mɒnjʊmənt]
Innenhof	**inner courtyard** ['ɪnə 'kɔːtjɑːd]

Inschrift	**inscription** [ɪn'skrɪpʃn]
Kanzel	**pulpit** ['pʊlpɪt]
Kapelle	**chapel** ['tʃæpl]
Katakomben	**catacombs** ['kætəku:mz]
Kathedrale	**cathedral** [kə'θi:drl]
Kirche	**church** [tʃɜ:tʃ]
Kirchturm	**steeple** ['sti:pl]
Kloster	*(Mönchs-)* **monastery** ['mɒnəstrɪ]; *(Nonnen-)* **convent** ['kɒnvənt]
Kreuzgang	**cloister** ['klɔɪstə]
Kuppel	**dome** [dəʊm]
Markthalle	**covered market** ['kʌvəd 'mɑ:kɪt]
Mauer	**wall** [wɔ:l]
Mausoleum	**mausoleum** [ˌmɔ:sə'lɪəm]
Menhir	**standing stone, menhir** ['stændɪŋ 'stəʊn, 'merhɪə]
Obelisk	**obelisk** ['ɒbɪlɪsk]
Oper	**opera** ['ɒprə]
Palast	**palace** ['pælɪs]
Platz	**square** [skweə]
Portal	**portal** ['pɔ:tl]
Rathaus	**town hall** (*Am* **city hall**) ['taʊn 'hɔ:l, 'sɪtɪ 'hɔ:l]
Ruine	**ruin** ['ru:ɪn]
Sarkophag	**sarcophagus** [sɑ:'kɒfəgəs]
Säule	**column, pillar** ['kɒləm, 'pɪlə]
Schatzkammer	**treasure chamber** ['treʒə ˌtʃeɪmbə]
Schloss	**castle** ['kɑ:sl]
Stadtmauern	**town walls** ['taʊn 'wɔ:lz]
Tempel	**temple** ['templ]
Theater	**theatre** ['θɪətə]

Tor	**gate** [geɪt]
Triumphbogen	**triumphal arch** [traɪ'ʌmfəl ɑ:tʃ]
Turm	**tower** ['taʊə]
Universität	**university** [ju:nɪ'vɜ:sɪtɪ]
Wallfahrtskirche	**pilgrimage church** ['pɪlgrɪmidʒ tʃɜ:tʃ]
wieder aufbauen	**rebuild** [ˌri:'bɪld]

Bildende Künste

Akt	**nude** [nju:d]
Aquarell	**watercolour** ['wɔ:təˌkʌlə]
Ausstellung	**exhibition** [ˌeksɪ'bɪʃn]
Bild	**picture** ['pɪktʃə]
Bildhauer	**sculptor** ['skʌlptə]
Bronze	**bronze** [brɒnz]
Exponat	**exhibit** [ɪg'zɪbɪt]
Fotografie	**photography** [fə'tɒgrəfɪ]
Galerie	**gallery** ['gælərɪ]
Gemälde	**painting** ['peɪntɪŋ]
Glasmalerei	**glass painting** ['glɑ:s ˌpeɪntɪŋ]
Goldschmiedekunst	**gold work** ['gəʊld wɜ:k]
Grafik	**graphic arts** ['græfɪk 'ɑ:ts]
Holzschnitt	**woodcut** ['wʊdkʌt]
Keramik	**ceramics** [sɪ'ræmɪks]
Kopie	**copy** ['kɒpɪ]
Kreuz	**cross** [krɒs]
Kruzifix	**crucifix** ['kru:sɪfɪks]
Kunstgewerbe	**arts and crafts** ['ɑ:ts‿ən 'krɑ:fts]
Lithografie	*(Verfahren)* **lithography** [lɪ'θɒgrəfɪ]; *(Druck)* **lithograph** ['lɪθəgrɑ:f]
Maler/in	**painter** ['peɪntə]

Malerei	**painting** ['peɪntɪŋ]
Modell	**model** ['mɒdl]
Mosaik	**mosaic** [məʊ'zeɪɪk]
Original	**original** [ə'rɪdʒənl]
Plakat	**poster** ['pəʊstə]
Plastik	**sculpture** ['skʌlptʃə]
Porträt	**portrait** ['pɔːtrɪt]
Porzellan	**china, porcelain** ['tʃaɪnə, pɔːslɪn]
Radierung	**etching** ['etʃɪŋ]
Schnitzerei	**wood carving** ['wʊdˌkɑːvɪŋ]
Siebdruck	**silk-screen print(ing)** ['sɪlkskriːn 'prɪnt(ɪŋ)]
Skulptur	**sculpture** ['skʌlptʃə]
Statue	**statue** ['stætʃuː]
Stillleben	**still life** ['stɪl 'laɪf]
Terrakotta	**terracotta** [ˌterə'kɒtə]
Töpferei	**pottery** ['pɒtərɪ]
Torso	**torso** ['tɔːsəʊ]
Vase	**vase** [vɑːz]
Zeichnung	**drawing** ['drɔːɪŋ]

Stilrichtungen und Epochen

antik	**ancient** ['eɪnʃnt]
Barock/barock	**Baroque** [bə'rɒk]
Blütezeit	**heyday, prime** ['heɪdeɪ, praɪm]
Bronzezeit	**bronze age** ['brɒnz‿eɪdʒ]
Christentum	**Christianity** [ˌkrɪstɪ'ænɪtɪ]
Dynastie	**dynasty** ['dɪnəstɪ]
Epoche	**epoch** ['iːpɒk]
Expressionismus	**expressionism** [ɪk'spreʃənɪzəm]

Gotik	**Gothic** ['gɒθɪk]
griechisch	**Greek** [gri:k]
heidnisch	**heathen, pagan** ['hi:ðn, 'peɪgən]
Impressionismus	**impressionism** [ɪm'preʃənɪzm]
Jahrhundert	**century** ['sentʃʊrɪ]
Jugendstil	**Art Nouveau** ['ɑː nu:'vəʊ]
keltisch	**Celtic** ['keltɪk]
Klassizismus	**classicism** ['klæsɪsɪzm]
Kubismus	**cubism** ['kju:bɪzəm]
Manierismus	**mannerism** ['mænərɪzəm]
Mittelalter	**Middle Ages** ['mɪdl‿'eɪdʒɪz]
modern	**modern** ['mɒdn]
normannisch	**Norman** ['nɔ:mən]
Renaissance	**Renaissance** [rə'neɪsns]
Rokoko	**rococo** [rəʊ'kəʊkəʊ]
Romanik	**Romanesque period** [ˌrəʊmə'nesk 'pɪərɪəd]
Romantik	**(Age of) Romanticism** [('eɪdʒ‿əv) rə'mæntɪsɪzm]
Steinzeit	**Stone Age** ['stəʊn ˌeɪdʒ]
Stil	**style** [staɪl]
Surrealismus	**surrealism** [sə'rɪəlɪzəm]
vorgeschichtlich	**prehistoric** [ˌpri:ɪ'stɒrɪk]
Wikinger	**Viking** ['vaɪkɪŋ]
Zisterzienser/in	**Cistercian monk/nun** [sɪ'stɜ:ʃjən 'mʌŋk/'nʌn]

Ausflüge

Wo ist die Abfahrt?	**Where does the excursion leave from?** ['weə dʌz ðə ɪk'skɜːʃn iːv frɒm]
Wann treffen wir uns?	**When would you like to meet?** ['wen wʊd‿jʊ 'laɪk tə miːt]
Kommen wir am/an ... vorbei?	**Will we pass ...?** [wɪl wɪ pɑːs ...]
Besichtigen wir auch ...?	**Are we going to see ..., too?** ['ɑː‿wɪ ˌgəʊɪŋ‿tə siː ... 'tuː]
Wann fahren wir zurück?	**When are we going back?** ['wen‿ə wɪ 'gəʊɪŋ 'bæk]

Ausflug	**excursion, trip** [ɪk'skɜːʃn, trɪp]
Aussichtspunkt	**vantage point** ['væntɪdʒ pɔɪnt]
Berg	**mountain** ['maʊntɪn]
Bergdorf	**mountain village** ['maʊntɪn 'vɪlɪdʒ]
Botanischer Garten	**botanic gardens** [bə'tænɪk 'gɑːdnz]
Fischerhafen	**fishing port** ['fɪʃɪŋ pɔːt]
Fischerort	**fishing village** ['fɪʃɪŋ 'vɪlɪdʒ]
Fluss	**river** ['rɪvə]
Freilichtmuseum	**open-air museum** ['əʊpr̩eə mjuː'zɪəm]
Freizeitpark	**amusement park** [ə'mjuːzmnt pɑːk]
Gebirge	**mountains** ['maʊntɪnz]
Gipfel	**summit** ['sʌmɪt]
Grotte	**grotto** ['grɒtəʊ]
Heide	**moor, heath** [mɔː, hiːθ]
Hinterland	**hinterland** ['hɪntəlænd]
Höhle	**cave** [keɪv]
Insel	**island** ['aɪlnəd]

Inselrundfahrt	**tour around the island** [tʊə ə'raʊnd ðə 'aɪlnəd]
Klippe	**cliff** [klɪf]
Landschaft	**scenery** ['siːnərɪ]
Lava	**lava** ['lɑːvə]
Leuchtturm	**lighthouse** ['laɪthaʊs]
Markt	**market** ['mɑːkɪt]
Museumsdorf	**museum village** [mjuː'zɪəm 'vɪlɪdʒ]
Nationalpark	**national park** ['næʃnl 'pɑːk]
Naturschutzgebiet	**nature reserve** ['neɪtʃə rɪ'zɜːv]
Quelle	**spring** [sprɪŋ]
Pass	**pass** [pɑːs]
Rundfahrt	**tour** [tʊə]
Schlucht	**gorge, ravine** [gɔːdʒ, rə'viːn]
See	**lake** [leɪk], *(in Schottland)* **loch** [lɒk]
Sternwarte	**observatory** [əb'zɜːvətrɪ]
Sumpf	**marsh** [mɑːʃ]; *(tropisch)* **swamp** [swɒmp]
Tagesausflug	**day trip** ['deɪ trɪp]
Tal	**valley** ['vælɪ]
Tropfsteinhöhle	**dripstone cave** [drɪpstəʊn keɪv]
Umgebung	**surroundings, environs** [sə'raʊndɪŋz, ɪn'vaɪərənz]
Vogelschutzgebiet	**bird reserve** [bɜːd rɪ'zɜːv]
Vulkan	**volcano** [vɒl'keɪnəʊ]
Wald	**woods, forest** [wʊdz, 'fɒrɪst]
Waldbrand	**forest fire** ['fɒrɪst 'faɪə]
Wallfahrtsort	**place of pilgrimage** [pleɪs‿əv 'pɪlgrɪmidʒ]
Wasserfall	**waterfall** ['wɔːtəfɔːl]
Wildpark	**safari park** [sə'fɑːrɪ pɑːk]
Zoo	**zoo** [zuː]

Bade-, Aktiv- und Kreativurlaub

Badeurlaube haben eine lange Tradition in Großbritannien. Leider sind viele bekannte Badeorte *(bathing resorts)*, wie zum Beispiel Brighton oder Blackpool, in der Saison überfüllt und sehr vom Kommerz geprägt. Dennoch lohnt sich ein Besuch, unter anderem wegen der schönen viktorianischen Piers, die weit ins Meer hinausragen und große Freizeitzentren sind.
Die Möglichkeiten für Aktiv- oder Kreativurlaub sind nahezu unbegrenzt. Bergwandern ist besonders in den schottischen Highlands, im Lake District Nordenglands oder in Snowdonia (Wales) zu empfehlen. Wassersport kann man an der gesamten Küstenlänge Großbritanniens und in vielen Binnenseen betreiben. Manche Sportarten, wie zum Beispiel Golf oder Tennis, sind viel beliebter und wesentlich kostengünstiger als in Kontinental-Europa, viele öffentliche Anlagen stehen zur Verfügung. Bei anderen interessanten Sportarten wie zum Beispiel Rugby oder Cricket lohnt sich ein Stadionbesuch – vorausgesetzt, man bekommt die heiß begehrten Eintrittskarten! Die gesamte Sportszene wird vom Fußball dominiert. In den letzten Jahren hat der Fußball diese Position noch ausbauen können, so dass fast jedes Spiel der höheren Klassen ausverkauft ist.

Badeurlaub

Gibt es hier ein ...	**Is there a(n) ... here?** [ɪz ðeər‿ə(n) ... hɪə]
Schwimmbad?	**swimming pool** [swɪmɪŋ pu:l]
Freibad?	**outdoor pool** ['aʊtdɔ: pu:l]
Hallenbad?	**indoor pool** ['ɪndɔ: pu:l]

Eine Eintrittskarte, bitte.	**A ticket, please.** [ə 'tɪkɪt pliːz]
Wo sind die ...	**Where are the ...** ['weər‿ə ðə]
Duschen?	**showers?** ['ʃaʊəz]
Umkleidekabinen?	**changing rooms?** [tʃeɪnʒɪŋ ruːmz]

Swimmers only! Nur für Schwimmer!	**No swimming!** Baden verboten!	**No diving!** Hineinspringen verboten!

Ist der Strand ...	**Is the beach ...** [ɪz ðə biːtʃ]
sandig?	**sandy?** ['sændɪ]
steinig?	**pebbled?** ['pebld]
Gibt es hier Seeigel/ Quallen/Algen?	**Are there sea urchins/jellyfish/algae here?** [ɑː ðeə 'siːɜːtʃɪnz/'dʒelɪfɪʃ/'ældʒiː hɪə]
Ist die Strömung stark?	**Is there a strong current?** [ɪz ðeər‿ə 'strɒŋ 'kʌrənt]
Ist es für Kinder gefährlich?	**Is it dangerous for children?** [ɪz‿ɪt 'deɪndʒrəs fə 'tʃɪldrən]
Wann ist Ebbe/Flut?	**When's low tide/high tide?** [wenz 'ləʊ ˌtaɪd/'haɪ ˌtaɪd]
Ich möchte ... mieten.	**I'd like to rent ...** [aɪd laɪk tə rent]
einen Liegestuhl	**a deck chair.** [dek tʃeə]
einen Sonnenschirm	**a parasol.** ['pærəsɒl
ein Boot	**a boat.** [ə 'bəʊt]
ein Paar Wasserski	**a pair of water skis.** [ə 'peər‿əv 'wɔːtəskiːz]

Was kostet das pro Stunde/Tag?	**How much is it per hour/day?** ['haʊ 'mʌtʃ‿ɪz‿ɪt pər‿'aʊə/ 'deɪ]
Bademeister/in	*(im Schwimmbad)* **attendant** [ə'tendənt]; *(am Strand)* **lifeguard** ['laɪfgɑ:d]
Beach-Volleyball	**beach volleyball** [bi:tʃ 'vɒlɪbɔ:l]
FKK-Strand	**nudist beach** ['nju:dɪst bi:tʃ]
Kinderbecken	**children's pool** [tʃɪldrənz pu:l]
Liegewiese	**sunbathing area** [sʌn'beɪðɪŋ'eərɪə]
Luftmatratze	**airbed** ['eəbed]
Nichtschwimmer	**non-swimmer** ['nɒnswɪmə]
schwimmen	**swimming** ['swɪmɪŋ]
Schwimmer/in	**swimmer** ['swɪmə]
Schwimmflossen	**flippers** ['flɪpəz]
Schwimmflügel	**water wing** ['wɔ:təwɪŋ]
Tretboot	**pedal boat** ['pedlbəʊt]
Wasserski	**water skiing** ['wɔ:tə ski:ɪŋ]
Wasserski fahren	**go water skiing** [gəʊ 'wɔ:tə ski:ɪŋ]
Wasserskooter	**jet ski** ['dʒet ski:]
Windschirm	**windbreak** ['wɪndbreɪk]

Aktivurlaub und Sport

Welche Sportmöglichkeiten gibt es hier?	**What sports facilities are there here?** [wot 'spɔ:ts fə'sɪlɪtɪz‿ə ðeə hɪə]
Gibt es hier ...	**Is there ... here?** [ɪz ðɛər‿... hɪə]
einen Golfplatz?	**a golf course** [‿ə 'gɒlf kɔ:s]
einen Tennisplatz?	**a tennis court** [‿ə 'tenɪs kɔ:t]
eine Sporthalle	**a sports hall** [spɔ:ts hɔ:l

Wo kann man hier ...	**Where can I go ... here?** ['weə kən‿aɪ gəʊ ... hɪə]
angeln?	**fishing** ['fɪʃɪŋ]
wandern?	**hiking** [haɪkɪŋ]
jagen?	**hunting** [hʌntɪŋ]
Wo kann ich ... ausleihen?	**Where can I hire ...?** ['weə kən‿aɪ 'haɪə]
Bieten Sie Navigationskurse an?	**Do you offer courses in navigation?** [du jʊ 'ɒfə ˌkɔːsɪz ɪn ˌnævɪgeɪʃən]
Ich möchte einen ...kurs für Anfänger/Fortgeschrittene machen.	**I'd like to attend a ... course for beginners/an advanced ... course.** [aɪd laɪk tʊ‿ə'tend‿ə '... ˌkɔːs fə bɪ'gɪnəz/ən əd'vɑːnst ... ˌkɔːs]

Wassersport

Water sports

Bootserfahrung	**sailing experience** ['seɪlɪŋ ɪk'spɪərɪəns
Canyoning	**canyoning** ['kænjənɪŋ]
Hausboot	**houseboat** ['haʊsbəʊt]
Kanu	**canoe** [kə'nuː]
Motorboot	**motorboat** ['məʊtəbəʊt]
Paddelboot	**canoe** [kə'nuː]
Rafting	**rafting** [rɑːftɪŋ]
Regatta	**regatta** [rɪ'gætə]
Rückholservice	**pick-up service** ['pɪkʌp 'sɜːvɪs]
Ruder	**rudder** ['rʌdə]
Ruderboot	**rowing boat** ['rəʊɪŋbəʊt]
rudern	**row** ['rəʊ]
Schlauchboot	**rubber dinghy** ['rʌbə 'dɪŋgɪ]

Segelboot	**sailing boat, yacht** ['seɪlɪŋbəʊt, jɒt]
segeln	**sail** ['seɪl]
Segeltörn	**cruise** [kru:z]
Surfbrett	**surfboard** ['sɜ:fbɔ:d]
surfen	**surf** ['sɜ:f]
Wasser wandern *(Hausboot)*	**tour on a houseboat/barge** ['tʊə ɒn ə 'haʊsbəʊt/bɑ:dʒ]
Windsurfen	**windsurf** ['wɪnd 'sɜ:f]
Windverhältnisse	**wind conditions** ['wɪnd kəṇdɪʃnz]

Tauchen — Diving

Gerätetauchen	**scuba diving** ['sku:bə 'daɪvɪŋ]
Harpune	**harpoon** [hɑ:'pu:n]
Neoprenanzug	**wetsuit** [wetsju:t]
Sauerstoffgerät	**breathing apparatus** [bri:ðɪŋ ˌæpə'reɪtəs]
Schnorchel	**snorkel** ['snɔ:kl]
schnorcheln	**go snorkelling** [gəʊ 'snɔ:klɪŋ]
tauchen	**dive** [daɪv]
Taucherausrüstung	**diving equipment** ['daɪvɪŋ ɪ'kwɪpmənt]
Taucherbrille	**diving goggles** ['daɪvɪŋ ˌgɒglz]

Angeln — Fishing

Angel	**fishing rod** ['fɪʃɪŋrɒd]
angeln	**go fishing** [gəʊ 'fɪʃɪŋ]
Angelschein	**fishing licence/permit** ['fɪʃɪŋ 'laɪsns/pə'mɪt]
Hafenmeisterei	**harbourmaster's office** ['hɑ:bə 'mɑ:stəz ˌɒfɪs]

Hochseeangeln	**deep-sea fishing** ['di:psi: 'fɪʃɪŋ]
Köder	**bait** [beɪt]
Schonzeiten	**off season** [ɒf 'si:zn]

Ballspiele — Ball games

Ball	**ball** [bɔ:l]
Basketball	**basketball** ['bɑ:skɪtbɔ:l]
Fußball *(Spiel und Ball)*	**football** ['fʊtbɔ:l]
Fußballplatz	**football ground** ['fʊtbɔ:l graʊnd]
Fußballspiel	**football match** ['fʊtbɔ:l mætʃ]
Halbzeit	**half-time** ['hɑ:f 'taɪm]
Handball	**handball** ['hændbɔ:l]
Mannschaft	**team** [ti:m]
Netz	**net** [net]
Rugby	**rugby** ['rʌgbɪ]
Tor	**goal** [gəʊl]
Torwart	**goalkeeper** ['gəʊ|ki:pə]
Volleyball	**volleyball** ['vɒlɪbɔ:l]

Tennis und Badminton — Tennis and badminton

aufschlagen	**serve** [sɜ:v]
Badminton	**badminton** ['bædmɪntən]
Doppel	**doubles** ['dʌblz]
Einzel	**singles** ['sɪŋglz]
Federball	*(Ball)* **shuttlecock** ['ʃʌtlkɒk]; *(Spiel)* **badminton** ['bædmɪntən]

Flutlicht(anlage)	**floodlight(s)** [flʌdlaɪtz]
Schläger	**racket** ['rækɪt]
Squash	**squash** [skwɒʃ]
Tennis	**tennis** ['tenɪs]
Tennisschläger	**tennis racket** ['tenɪsˌrækɪt]
Tischtennis	**table tennis** ['teɪbl 'tenɪs]

Fitness- und Krafttraining / Fitness and weight training

Aerobic	**aerobics** [eə'rəʊbɪks]
Bodybuilding	**bodybuilding** ['bɒdɪbɪldɪŋ]
Fitnesscenter	**fitness centre** ['fɪtnɪs ˌsentə]
Gymnastik	**gymnastics** [dʒɪm'næstɪks]
Jazzgymnastik	**jazz aerobics** [dʒæz eə'rəʊbɪks]
joggen	**go jogging, jog** [gəʊ 'dʒɒgɪŋ, dʒɒg]
Jogging	**jogging** ['dʒɒgɪŋ]
Kampfsport	**martial arts** ['mɑːʃəl ɑːtz]
Konditionstraining	**fitness training** ['fɪtnɪs ˌtreɪnɪŋ]
Krafttraining	**weight training** [weɪt ˌtreɪnɪŋ]
Stretching	**stretching** [stretʃɪŋ]
Wirbelsäulengymnastik	**spinal column physiotherapy** ['spaɪnl 'kɒləm ˌfɪzɪə'θerəpɪ]

Wellness / Wellness

Dampfbad	**Turkish bath** ['tɜːkɪʃ bɑːθ]
Massage	**massage** ['mæsɑːʒ]
Sauna	**sauna** ['sɔːnə]

Solarium	**solarium** [sə'leərɪəm]
Whirlpool	**jacuzzi** [dʒə'ku:zɪ]

Radfahren — Cycling

Fahrrad	**bicycle, bike** ['baɪsɪkl, baɪk]
Fahrradhelm	**crash helmet** ['kræʃ ˌhelmɪt]
Fahrradweg	**cycle path** ['saɪkl pɑ:θ]
Flickzeug	**(puncture) repair kit** [('pʌŋktʃə) rɪ'peə kɪt]
Luftpumpe	**pump** [pʌmp]
Mountainbike	**mountain bike** ['maʊntɪn baɪk]
Rad fahren	**cycle** ['saɪkl]
Radsport	**cycling** ['saɪklɪŋ]
Radtour	**cycle tour** ['saɪkl ˌtʊə]
Rennrad	**racing bike** ['reɪsɪŋ baɪk]
Roller	**scooter** ['sku:tə]
Schlauch *(Reifen)*	**(inner) tube** [('ɪnə)tju:b]
Tourenrad	**touring bike** [ˌtʊərɪŋ baɪk]
Trekkingrad	**trekking bike** ['trekɪŋ baɪk]

Wandern und Bergsteigen — Hiking and mountaineering

Ich möchte eine Bergtour machen.	**I'd like to go for a hike in the mountains.** [aɪd laɪk tə gəʊ fər‿ə 'haɪk‿ɪn ðə 'maʊntɪnz]
Können Sie mir eine interessante Route auf der Karte zeigen?	**Can you show me an interesting route on the map?** [kən‿jʊ ʃəʊ mi:‿ən‿'ɪntrɪstɪŋ 'ru:t‿ɒn ðə 'mæp]

Bergsteigen	**rock climbing** ['rɒkˌklaɪmɪŋ], **mountaineering** [ˌmaʊntɪ'nɪərɪŋ]
Fernwanderweg	**long-distance hiking path** [ˌlɒŋ 'dɪstəns 'haɪkɪŋ pɑːθ]
Freeclimbing	**freeclimbing** [friː‿klaɪmɪŋ]
Orientierungslauf	**orienteering** [ˌɔːrɪən'tɪərɪŋ]
Route	**route** [ruːt]
Schutzhütte	**shelter, refuge** ['ʃeltə, refjuːdʒ]
Sicherungsseil	**securing rope** [sɪ'kjʊərɪŋ rəʊp]
Tagestour	**day excursion** [deɪ ɪks'kɜːʃn]
Trekking	**trekking** ['trekɪŋ]
Wanderkarte	**hiking map** ['haɪkɪŋ mæp]
Wandern; wandern	**hiking** ['haɪkɪŋ]; **hike** ['haɪk]
Wanderweg	**path** [pɑːθ]

Reiten

Riding

Ausritt	**ride** [raɪd]
Pferd	**horse** [hɔːs]
Polo	**polo** ['pəʊləʊ]
reiten	**ride, go riding** [raɪd, gəʊ 'raɪdɪŋ]
Reiterferien	**riding holiday** ['raɪdɪŋ hɒlɪdeɪ]
Sattel	**saddle** ['sædl]
Zaum	**bridle** ['braɪdl]
Reitschule	**riding school** ['raɪdɪŋ 'skuːl]

Golf / Golf

18-Loch-Platz	**18-hole course** [ˌeɪ'tiːn'həʊl kɔːs]
Abschlag	**tee** ['tiː]
Clubhaus	**clubhouse** [klʌb'haʊs]
Clubmitglied	**club member** [klʌb 'membə]
Golf	**golf** [gɒlf]
Golfclub	**golf club** ['gɒlfklʌb]
Golfplatz	**golf course** ['gɒlfkɔːs]
Küstengolfplatz	**links course** [lɪŋks kɔːs]
Golfschläger	**golf clubs** ['gɒlfklʌbz]
Greenfee	**green fee** [griːn fɪː]
öffentliche Golfanlage	**municipal golf course** [mjuː'nɪsɪpəl 'gɒlfkɔːs]
Parcours	**a round of golf** [ə raʊnd əv gɒlf]
Tagesbesucher	**day guest** [deɪ gest]
Übungsplatz	**driving range** ['draɪvɪŋ reɪndʒ]
Vorgabe	**handicap** [hændɪkæp]
eine Runde Golf spielen	**play a round of golf** [pleɪ ə raʊnd əv gɒlf]

Drachen-, Gleitschirm- und Segelfliegen / Hang-gliding and paragliding

Drachenfliegen	**hang-gliding** ['hæŋˌglaɪdɪŋ]
Fallschirmspringen	**parachuting** ['pærəʃuːtɪŋ]
Gleitschirm	**paragliding** ['pærə glaɪdɪŋ]
Lenkdrachen	**guided glider** [gaɪdɪd glaɪdə]

Paragliding	**paragliding** ['pærə glaɪdɪŋ]
Schleppschirm *(am Strand)*	**parasailing** ['pærə'seɪlɪŋ]
Segelfliegen	**gliding** ['glaɪdɪŋ]
Startplatz	**take-off area/runway** ['teɪk‿ɒf eərɪə/rʌnweɪ]
Thermik	**thermals** ['θɜːməlz]

Winterurlaub — Winter holidays

Eine Tageskarte, bitte.	**A day ticket, please.** [ə 'deɪ tɪkɪt pliːz]
Wie viel Punkte kostet dieser Skilift?	**How many points does this ski lift cost?** ['haʊ 'menɪ 'pɔɪnts dʌz 'ðɪs 'skiː lɪft kɒst]
Um wie viel Uhr ist die letzte Bergfahrt/Talfahrt?	**What time is the last trip up the mountain/down to the valley?** [wɒt 'taɪm‿ɪz ðə 'lɑːst trɪp ʌp ðə maʊntɪn/daʊn tə ðə 'vælɪ]

Babylift	**baby lift** [beɪbɪ lɪft]
Bergstation	**top station, summit station** [tɒp steɪʃn, 'sʌmɪt steɪʃn]
Buckelpiste	**mogul slope** ['məʊgəl sləʊp]
Langlauf	**cross-country skiing** ['krɒsˌkʌntrɪ 'skiːɪŋ]
Loipe	**ski run** ['skiː rʌn]
Mittelstation	**middle station** ['mɪdl steɪʃn]
Pulverschnee	**powder snow** ['paʊdə snəʊ]
Schlepplift	**ski tow** ['skiː təʊ]
Schlitten	**sledge, toboggan** [sledʒ, tə'bɒgən]
Schlitten fahren	**go tobogganing** [gəʊ tə'bɒgənɪŋ]
Seilbahn	**cable railway, funicular** ['keɪbl 'reɪlweɪ, fjuː'nɪkjʊlə]

Sessellift	**chairlift** ['tʃeəlɪft]
Ski	**ski** ['ski:]
Ski alpin	**downhill skiing** [daʊnhɪl 'ski:ɪŋ]
Ski laufen	**skiing** ['ski:ɪŋ]
Skibindung	**ski bindings** ['ski: baɪndɪŋz]
Skibrille	**ski goggles** ['ski ˌgɒglz]
Skikurs	**skiing course** ['ski:ɪŋ ˌkɔ:s]
Skilehrer	**ski instructor** ['ski ɪn'strktə]
Skipiste	**ski slope** ['ski sləʊp]
Skistöcke	**ski sticks** ['ski:stɪks]
Snowboard	**snowboard** [snəʊbɔ:d]
Snowrafting	**snowrafting** [snəʊrɑ:ftɪŋ]
Tagespass	**day pass** [deɪ pɑ:s]
Talstation	**station at the bottom of the ski lift** [steɪʃn ət ðə 'bɒtəm əv ðə 'ski: lɪft]
Wochenpass	**week pass** [wi:k pɑ:s]
Curling	**curling** ['kɜ:lɪŋ]
Eisbahn	**ice rink** ['aɪsrɪŋk]
Eishockey	**ice hockey** ['aɪsˌhɒkɪ]
Eislauf	**ice skating** ['aɪsˌskeɪtɪŋ]
Schlittschuhe; Schlittschuh laufen	**ice skates** ['aɪsˌskeɪts]; **ice skate, go ice skating** ['aɪsˌskeɪt, gəʊ 'aɪsˌskeɪtɪŋ]

Sonstige Sportarten Other sports

Basejumping	**base jumping** [beɪs dʒʌmpɪŋ]
Boulespiel	**boules** ['bu:l]
Bowling	**tenpin bowling** ['tenpɪn 'bəʊlɪŋ]
Bungeejumping	**bungee jumping** [bʌndʒɪ dʒʌmpɪŋ]
Inliner	**rollerblades** ['rəʊləbleɪdz]

Inlineskating	**inline skating** [ɪnlaɪn ˌskeɪtɪŋ]
Inline skaten	**go inline skating** [gəʊ ɪnlaɪn ˌskeɪtɪŋ]
Kegeln	**skittles, ninepins** ['skɪtlz, 'naɪnpɪnz]
Leichtathletik	**athletics** [æθ'letɪks]
Minigolf	**crazy golf** ['kreɪzɪgɒlf]
Motorsport	**motor-racing** ['məʊtəˌreɪsɪŋ]
Rollschuhe	**roller skates** ['rəʊləˌskeɪts]
Rollschuh fahren	**rollerskate, go rollerskating skating** ['rəʊləˌskeɪt, gəʊ 'rəʊləˌskeɪtɪŋ]
Skateboard	**skateboard** [ˌskeɪtbɔːd]
Skateboard fahren	**skateboard, go skateboarding** [ˌskeɪtbɔːd, gəʊ ˌskeɪtbɔːdɪŋ]

Sportveranstaltungen besuchen

Welche Sportveranstaltungen gibt es hier?	**What sporting events are there here?** [wɒt 'spɔːtɪŋ‿ɪ'vents‿ə ðeə hɪə]
Ich möchte mir das Fußballspiel ansehen.	**I'd like to see the football match.** [ˌaɪd 'laɪk tə 'siː ðə 'fʊtbɔːl mætʃ]
Wann/Wo findet es statt?	**When/Where is it?** ['wen/'weər‿'ɪz‿ɪt]
Was kostet der Eintritt?	**How much does it cost to get in?** ['haʊ 'mʌtʃ dʌz‿ɪt 'kɒst tə get 'ɪn]
Wie steht's?	**What's the score?** ['wɒts ðə skɔː]
2 zu 1.	**Two-one.** [tuː wʌn]
eins-eins.	**One all.** [wʌn ɔːl]
Foul!	**Foul!** [faʊl]
Schöner Schuss!	**Good shot!** ['gʊd ʃɒt]
Tor!	**Goal!** [gəʊl]

Abpfiff	**final whistle** [faɪnl 'wɪsl]
abseits	**offside** [ɒfsaɪd]
Angriff	**attack** [ə'tæk]
Angreifer	**forward** ['fɔ:wəd]
Anhänger (Fans)	**supporters** [sə'pɔ:təz]
Anstoß	**kickoff** [kɪkɒf]
Anzeigetafel	**scoreboard** [skɔ:bɔ:d]
Eckstoß, Ecke	**corner** [kɔ:nə]
ein Tor schiessen	**score a goal** [skɔ: ə gəʊl]
Eintrittskarte	**ticket** ['tɪkɪt]
Einwurf	**throw-in** [θrəʊɪn]
Elfmeter	**penalty** ['penəltɪ]
Fallrückzieher	**overhead kick, bicycle kick** [əʊvəhed kɪk, baɪsɪkl kɪk]
Flanke	**cross, centre** ['krɒs, sentə]
Freistoß	**free kick** [fri:‿kɪk]
gewinnen	**win** [wɪn]
Handspiel	**hand ball** ['hænd bɔ:l]
Kasse	**ticket office** ['tɪkɪt̩ɒfɪs]
(den Ball) köpfen	**head (the ball)** [hed (ðə bɔ:l)]
Kopfball	**header** [hedə]
Linienrichter	*(Tennis, Fußball)* **linesman** [laɪnzmæn]
Meisterschaft	**championships** ['tʃæmpjənʃɪps]
Niederlage	**defeat** [dɪ'fi:t]
Nachspielzeit	**time added for stoppages** [taɪm ɑdɪd fə 'stɒpɪdʒɪz]
Parade, parieren	**save, save** [seɪv, seɪv
Pass	**pass** [pɑ:s]
Spieler	**player** [pleɪə]
Pokalspiel	**cup tie** [kʌp taɪ]
Pokalendspiel	**cup final** [kʌp faɪnl]

Torpfosten	**(goal)post** [(gəʊl)pəʊst]
Torschuss	**shot at goal** [ʃɒt ət gəʊl]
Programm	**programme** ['prəʊgræm]
Querlatte	**crossbar** [krɒs bɑ:]
Radrennen	**cycle racing** ['saɪklreɪsɪŋ]
Rennen	**race** [reɪs]
Schiedsrichter	**referee** [ˌrefə'ri:]; *(Hockey, Tennis, Cricket)* **umpire** ['ʌmpaɪə]
Schwalbe	**dive** [daɪv]
Sieg	**win, victory** [wɪn, 'vɪktərɪ]
Spiel	**match, game** [mætʃ, geɪm]
Sportler/in	**sportsman/-woman** ['spɔ:tsmən/'spɔ:tsˌwʊmən]
Sportplatz	**sports ground** ['spɔ:tsgraʊnd]
Stadion	**stadium** ['steɪdɪəm]
Strafraum	**penalty box** ['penəltɪ bɒks]
Stürmer	**striker** ['straɪkə]
unentschieden	**draw** [drɔ:]
Verlängerung	**extra time** [ekstrə taɪm]
verlieren	**lose** [lu:z]
Verteidigung	**defence** [dɪ'fens]
Verteidiger	**defender** [dɪ'fendə]
vom Platz stellen	**send off** [send ɒf]
Verwarnung	**caution** [kɔ:ʃən]
Wiederholspiel	**replay** [ri:pleɪ]
Wettkampf	**contest, match** ['kɒntest, mætʃ]
Zuschauer	**spectators** [spek'teɪtəz]

Kreativurlaub

Ich interessiere mich für ...	**I'm interested in ...** [aɪm 'ɪntrɪstɪd ɪn]
einen Töpferkurs.	**a pottery course.** [ə 'pɒtərɪ ˌkɔːs]
einen ...-Sprachkurs.	**a(n) ... language course.** [‿ə(n) ... læŋgwɪdʒ ˌkɔːs]
für Anfänger	**for beginners** [fə bɪ'gɪnəz]
für Fortgeschrittene	**for advanced learners** [fə əd'vaːnst 'lɜːnəz]
Sind Vorkenntnisse erforderlich?	**Is prior knowledge required?** [ɪz 'praɪə 'nɒlɪdʒ rɪ'kwaɪəd]
Bis wann muss man sich anmelden?	**By when do I have to enrol?** [baɪ wen dʊ‿aɪ 'hæv tə ɪn'rəʊl]
Sind Materialkosten inklusive?	**Are the costs of materials included?** ['ɑː ðə 'kɒsts‿əv mə'tɪərɪəlz ɪn'kluːdɪd]
Was ist mitzubringen?	**What should I bring along?** [wɒt ʃʊd aɪ brɪŋ ə'lɒŋ]

Aktzeichnen	**draw nudes** [drɔː njuːdz]
Aquarellmalen	**paint watercolours** ['peɪnt 'wɔːtəˌkʌləz]
Brotbacken	**bake bread** [beɪk 'bred]
Fasten	**fast** [faːst]
Fotografieren	**take photographs** [teɪk 'fəʊtəgraːfs]
Goldschmieden	**work with gold** [wɜːk wɪð gəʊld]
Holzwerkstatt	**carpentry workshop** ['kaːpɪntrɪ wɜːkʃɒp]
Kochen	**cook** [kʊk]
Kurs	**course** [kɔːs]
Malen	**paint** ['peɪnt]
Meditation	**meditate** ['medɪteɪt]

Ölmalerei	**oil painting** ['ɔɪl 'peɪntɪŋ]
Schauspielworkshop	**drama workshop** ['drɑːmə wɜːkʃɒp]
Seidenmalerei	**silk painting** ['sɪlk 'peɪntɪŋ]
Selbsterfahrung	**self-awareness** [self ə'wɛənɪs]
Seminar	**seminar** ['semɪnɑː]
Tanztheater	**dance theatre** ['dɑːns θɪətə]
Theatergruppe	**theatre group** [θɪətə gruːp
Trommeln	**drum** [drʌm]
Workshop	**workshop** [wɜːkʃɒp]
Yoga	**yoga** ['jəʊgə]

Unterhaltung

An Unterhaltung wird es Ihnen in Großbritannien nicht fehlen! London ist die Theaterstadt schlechthin. Hier findet man alles, was Theater ausmacht, von Shakespeare bis zum Schwank *(farce)*. Die meisten großen Musicals werden in London uraufgeführt, überwiegend im West-End. Für neue Musical-Produktionen ist es ratsam, Karten an den Vorverkaufsstellen *(box office)* weit im Voraus zu buchen.
London ist auch eine Hauptstadt der Musik, – viele moderne Musikrichtungen haben hier ihren Ursprung. Es gibt zahlreiche Konzerthallen *(concert halls)* und Arenen *(arenas)* für größere Musikveranstaltung sowie unzählige kleinere Veranstaltungsorte *(venues)* für Jazz, Rock, Country, Folk usw. Sie finden mühelos Live-Musik für jeden Geschmack. Bedenken Sie jedoch, dass sich die Musikszene nicht auf London und gar England beschränkt. Städte wie Liverpool, Manchester, Glasgow oder Dublin haben ihre eigenen, sehr lebendigen und interessanten Musikszenen.

Theater – Konzert – Kino

Welches Stück wird heute Abend im Theater gespielt?	**What's on at the theatre tonight?** [wɒts 'ɒn‿ət ðə θɪətə tə'naɪt]
Was läuft morgen Abend im Kino?	**What's on at the pictures** (*Am* **movies) tomorrow night?** [wɒts 'ɒn‿ət ðə 'pɪktʃəz ('mu:vɪz) tə'mɒrəʊ 'naɪt]

Werden im Dom Konzerte veranstaltet?	**Are there concerts in the cathedral?** ['ɑː ðeə 'kɒnsəts‿ɪn ðə kə'θiːdrl]
Können Sie mir ein gutes Theaterstück empfehlen?	**Can you recommend a good play?** ['kən jʊ rekə'mend ə gʊd 'pleɪ]
Wann beginnt die Vorstellung?	**When does the performance start?** ['wen dʌz ðə pə'fɔːməns 'stɑːt]
Wo bekommt man Karten?	**Where can I get tickets?** ['weə kən‿aɪ get 'tɪkɪts]
Bitte zwei Karten für heute Abend.	**Two tickets for this evening, please.** ['tuː 'tɪkɪts fə ðɪs‿'iːvnɪŋ pliːz]
Bitte zwei Plätze zu ...	**Two seats at ..., please.** ['tuː 'siːts‿ət ... pliːz]
Kann ich bitte ein Programm haben?	**Can I have a programme, please?** [kən‿aɪ hæv‿ə 'prəʊgræm pliːz]

Bühne	**stage** [steɪdʒ]
Eintrittskarte	**ticket** ['tɪkɪt]
Festival	**festival** ['festɪvl]
Garderobe	**cloakroom** ['kləʊkrʊm]
Kasse	**box office** ['bɒksˌɒfɪs]
Pause	**interval** ['ɪntəvl]
Programm(heft)	**programme** ['prəʊgræm]
Vorhang	**curtain** [kɜːtn]
Vorstellung	**performance** [pə'fɔːməns]
Vorverkauf	**advance booking** [əd'vɑːns 'bʊkɪŋ]

Theater

Akt	**act** ['ækt]
Aufführung	**performance** [pə'fɔːməns]
Ballett	**ballet** ['bæleɪ]
Drama	**drama** ['drɑːmə]
Freilufttheater	**open-air theatre** ['əʊpṛea θɪ'etə]
Inszenierung	**production** [prə'dʌkʃn]
Kabarett	**cabaret** ['kæbəreɪ]
Kleinkunstbühne	**cabaret** ['kæbəreɪ]
Komödie	**comedy** ['kɒmɪdɪ]
Loge	**box** [bɒks]
Oper	**opera** ['ɒprə]
Operette	**operetta** [ˌɒpə'retə]
Parkett	**stalls** [stɔːlz]
Premiere	**premiere** ['premɪeə]
1./2. Rang	**1st/2nd row** [fɜːst/'sekənd rəʊ]
Schauspiel	**play** [pleɪ]
Schauspieler/in	**actor/actress** ['æktə/'æktrɪs]
Spielplan	**programme** ['prəʊgræm]
Tänzer/in	**dancer** ['dɑːnsə]
Theaterstück	**play** [pleɪ]
Tragödie	**tragedy** ['trædʒɪdɪ]
Varietee	**music hall, variety theatre** ['mjuːzɪkhɔːl, və'raɪətɪ θɪ'etə]
Zugabe	**encore** ['ɒŋkɔː]
Volksstück	**dialect folk play** ['daɪəlekt fəʊk pleɪ]

Konzert

Blues	**blues** [blu:z
Chor	**choir** ['kwaɪə]
Dirigent/in	**conductor** [kən'dʌktə]
Jazz	**jazz** [dʒæz]
Klassik	**classical** ['klæsɪkəl]
Komponist/in	**composer** [kəm'pəʊzə]
Konzert	**concert** ['kɒnsət]
Kammerkonzert	**chamber music concert** ['tʃeɪmbə ˌmju:zɪk 'kɒnsət]
Kirchenkonzert	**church concert** [tʃɜ:tʃ 'kɒnsət]
Sinfoniekonzert	**symphony concert** ['sɪmfənɪ 'kɒnsət]
Musical	**musical** ['mju:zɪkl]
Pop	**pop** [pɒp]
Rap	**rap** [ræp]
Reggae	**reggae** ['regeɪ]
Rock	**rock** ['rɒk]
Sänger/in	**singer** ['sɪŋə]
Solist/in	**soloist** ['səʊləʊɪst]
Soul	**soul** [səʊl]
Techno	**techno** ['teknəʊ]
Volksmusik	**traditional music** [trə'dɪʃənl 'mju:zɪk]

Kino

Besetzung	**cast** [kɑ:st]
Drehbuch	**screenplay, script** [skri:n pleɪ, skrɪpt]
Film	**film** (*Am* **movie**) ['fɪlm ('mu:vɪ)]
Actionfilm	**action film** ['ækʃən 'fɪlm]
Dokumentarfilm	**documentary** [ˌdɒkjʊ'mentərɪ]

Klassiker	**classic film** ['klæsɪk 'fɪlm]
Kurzfilm	**short film** ['ʃɔːt 'fɪlm]
Schwarzweißfilm	**black-and-white film** ['fɪlm]
Sciencefictionfilm	**science fiction film** ['saɪəns'fɪkʃən 'fɪlm]
Thriller	**thriller** ['θrɪlə]
Western	**western** ['westən]
Zeichentrickfilm	**cartoon** [kɑː'tuːn]
Filmschauspieler/in	**film actor/actress** ['fɪlm 'æktə/æktrɪs]
Hauptrolle	**leading role** ['liːdɪŋ 'rəʊl]
Nebenrolle	**supporting role** [sə'pɔːtɪŋ 'rəʊl]
Kino	**cinema** ['sɪnəmə]
Freilichtkino	**drive-in cinema** ['draɪv͵ɪn 'sɪnəmə]
Programmkino	**arts cinema** ['ɑːts 'sɪnəmə]
Leinwand	**screen** [skriːn]
Originalfassung	**original version** [ə'rɪdʒənl 'vɜːʃən]
Regie	**directed by** [dɪ'rekzɪd baɪ]
Spezialeffekte	**special effects** [speʃəl ɪ'fekts]
synchronisiert	**dubbed** [dʌbd]
Untertitel	**subtitles** ['sʌbtaɪtlz]

Nachtleben

Was kann man hier abends unternehmen?

What can you do here in the evenings?
['wɒt kən‿jʊ du hɪə ɪn ðiː‿'iːvnɪŋz]

Gibt es hier eine gemütliche Kneipe?

Is there a nice pub here?
['ɪz ðeər‿ə naɪs 'pʌb hɪə]

Wo kann man hier tanzen gehen?	**Where can we go dancing?** ['weə kən wɪ gəʊ 'dɑːnsɪŋ]
Wollen wir (noch einmal) tanzen?	**Shall we (have another) dance?** [ʃəl‿wɪ (hæv‿ə'nʌðə) 'dɑːns]

Abendgarderobe	**evening wear** ['iːvnɪŋ weə]
ausgehen	**go out** [ˌgəʊ 'aʊt]
Band	**band** [bænd]
Bar	**bar** [bɑː]
Disko	**discotheque** ['dɪskətek]
Folklore	**folklore** [fəʊklɔː]
Folkloreabend	**folklore evening** [fəʊklɔː 'iːvnɪŋ]
Glücksspiel	**gambling** ['gæmblɪŋ]
Kneipe	**pub** [pʌb]
Livemusik	**live music** ['laɪv 'mjuːzɪk]
Nachtklub	**nightclub** ['naɪtklʌb]
Party	**party** ['pɑːtɪ]
Show	**show** [ʃəʊ]
Spielkasino	**casino** [kə'siːnəʊ]
tanzen	**dance** [dɑːns]
Tanzkapelle	**dance band** ['dɑːns ˌbænd]

Feste und Veranstaltungen

Wann findet das ...-Festival statt?	**When does the ... festival take place?** ['wen dʌz ðə 'festɪvl teɪk pleɪs]
vom ... bis ...	**from ... to ...** [frəm ... tʊ]

jedes Jahr im August	**every year in August** [evrɪ'jɜː ɪn 'ɔːgəst]
alle 2 Jahre	**every 2 years** [evrɪ' tuː jɜːz]
Was ist das genau?	**What does it involve exactly?** ['wɒt dʌz ɪt ɪn'vɒlv ɪg'zæktlɪ]
Kann jeder mitmachen?	**Can anyone take part?** ['kən 'enɪwʌn teɪk 'pɑːt]

Ball	**ball** [bɔːl]
Dorffest	**village fête** ['vɪlɪdʒ feɪt]
Feuerwerk	**fireworks** ['faɪəwɜːks]
(*Veranstaltung*)	**fireworks display** [faɪəwɜːks dɪ'spleɪ]
Gartenfest	**garden party** ['gɑːdn 'pɑːtɪ
Gartenschau	**flower show** [flaʊə ʃəʊ]
Grillfest	**barbecue** ['bɑːbɪkjuː]
Highlandspiele	**Highland Games** [haɪlænd geɪmz]
Kirmes	**funfair** ['fʌnfɛə]
Prozession	**procession** [prə'seʃən]
Tanzfest	**dance** [dɑːns]
(traditionelles schottisches/ irisches) Tanzfest	**ceilidh** [keɪlɪ]
Zirkus	**circus** ['sɜːkəs]

In Großbritannien gibt es kein Ladenschlussgesetz. Viele kleine Läden, die häufig von Briten indischer oder pakistanischer Herkunft betrieben werden, sind rund um die Uhr geöffnet.
Beim Einkaufen können alle gängigen Zahlungsmittel benutzt werden, wobei die neuartige *CashCard,* bei der man eine Chipkarte mit Geld bei der Bank aufladen kann, sich in Großbritannien noch nicht durchgesetzt hat. Bevorzugt wird das System mit sofortiger Abbuchung per Bank- oder EC-Karte. Internationale Kreditkarten werden akzeptiert, auch per Telefon oder Internet, zum Beispiel bei der Bestellung von Konzert- oder Theaterkarten.

Fragen

Ich suche ...

Werden Sie schon bedient?	**Are you being served?** ['ɑː‿jʊ 'biːɪŋ 'sɜːvd]
Danke, ich sehe mich nur um.	**Thank you, I'm just looking round.** ['θæŋkjʊ aɪm dʒʌst 'lʊkɪŋ 'raʊnd]
Ich möchte ...	**I'd like ...** [aɪd 'laɪk]
Haben Sie ...?	**Have you got ...?** ['həv‿jʊ gɒt]
Darf es sonst noch etwas sein?	**Can I get you anything else?** [kən‿aɪ get‿jʊ‿'enɪθɪŋ‿'els]

Handeln und kaufen

Wie viel kostet es?	**How much is it?** ['haʊ 'mʌtʃ ɪz‿ɪt]
Das ist zu teuer!	**That's too expensive!** [ðæts tuː ɪk'spen↓ sɪv]
Ich zahle höchstens ...	**I'll pay no more than ...** [aɪl peɪ 'nəʊ mɔː ðən]
Nein, zu diesem Preis kann ich es Ihnen nicht geben.	**No, I can't give it to you at that price.** ['nəʊ aɪ 'kaːnt gɪv‿ɪt tʊ‿jʊ ət ðæt praɪs]
Hm, und für ...?	**Hmm, and for ...?** [hm ənd fər]
Einverstanden.	**Agreed, OK.** [ə'griːd ˌəʊ'keɪ]
Gut, ich nehme es.	**Good. I'll take it.** ['gʊd aɪl 'teɪk‿ɪt]
Nehmen Sie ...	**Do you take ...** [dʊ‿jʊ teɪk]
Euro?	**euros?** ['jʊərəʊs]
Kreditkarten?	**credit cards?** ['kredɪtkaːdz]

Geschäfte

Wo finde ich ...?	**Where can I find ...?** ['weə kən‿aɪ 'faɪnd]
Öffnungszeiten	**opening hours** ['əʊpnɪŋ ˌaʊəz]

Open offen	**Closed** geschlossen	**Closed for holidays** Betriebsferien

Antiquitätengeschäft	**antique shop** [æn'ti:k ʃɒp]
Apotheke	**chemist's** ['kemɪsts]
Bäckerei	**baker's** ['beɪkəz]
Bioladen	**organic food shop** fu:d ʃɒp]
Blumengeschäft	**florist's** [flɒrɪsts]
Boutique	**boutique** [bu:'ti:k]
Buchhandlung	**bookshop** ['bʊkʃɒp]
Drogerie	**chemist's** ['kemɪsts]
Eisenwarengeschäft	**ironmonger's** ['aɪəˌmʌŋgəz]
Elektrohandlung	**electrical goods** [ɪ'lektrɪkəl gʊdz]
Feinkostgeschäft	**delicatessen** [ˌdelɪkə'tesn]
Fischgeschäft	**fishmonger's** ['fɪʃˌmʌŋgəz]
Flohmarkt	**flea market** ['fli:ˌma:kɪt]
Fotoartikel	**photographic materials** [ˌfəʊtə'græfɪk mə'tɪərɪəlz]
Friseur	**hairdresser's,** *(Herren)* **barber's** ['heəˌdresəz, 'bɑ:bəz]
Juwelier	**jeweller's** ['dʒu:ələz]
Kaufhaus	**department store** [dɪ'pɑ:tmənt stɔ:]
Konditorei	**cake shop** ['keɪk ʃɒp]
Kunsthändler	**art dealer** ['ɑ:t 'di:lə]
Lebensmittelgeschäft	**food store, grocer's** ['fu:d stɔ:, 'grəʊsəz]
Lederwarengeschäft	**leather shop** ['leðə ʃɒp]
Markt	**market** ['mɑ:kɪt]
Metzgerei	**butcher's** ['bʊtʃəz]

Milchgeschäft	**dairy** ['deərɪ]
Musikgeschäft	**music shop** ['mju:zɪk ʃɒp]
Obst- und Gemüsehändler	**greengrocer's** [gri:n'grəʊsəz]
Optiker	**optician's** [ɒp'tɪʃənz]
Parfümerie	**perfumery** [pə'fju:mərɪ]
Reformhaus	**health food shop** ['helθ,fu:d ʃɒp]
Reinigung, chemische	**dry cleaner's** ['draɪ'kli:nəz]
Reisebüro	**travel agency** ['trævl 'eɪdʒənsɪ]
Schneider/in	*(für Herren)* **tailor;** *(für Damen)* **dressmaker** ['teɪlə˞ 'dres,meɪkə]
Schreibwarengeschäft	**stationer's** ['steɪʃnəz]
Schuhgeschäft	**shoe shop** ['ʃu: ʃɒp]
Schuhmacher	**shoemaker's, cobbler's** ['ʃu:,meɪkəz, 'kɒbləz]
Souvenirladen	**souvenir shop** ['su:vənɪə ʃɒp]
Spielwarengeschäft	**toy shop** ['tɔɪ ʃɒp]
Spirituosengeschäft	**off-licence** ['ɒf,laɪsns]
Sportartikel	**sports shop** ['spɔ:ts ʃɒp]
Supermarkt	**supermarket** ['su:pə,mɑ:kɪt]
Süßwarengeschäft	**sweetshop** ['swi:tʃɒp]
Tabakladen	**tobacconist's** [tə'bækənɪsts]
Trödler	**second-hand shop** ['sekndhænd ʃɒp]
Uhrmacher	**watchmaker's** ['wɒtʃ,meɪkəz]
Wäscherei	**laundry** ['lɔ:ndrɪ]
Waschsalon	**launderette** [,lɔ:ndə'ret]
Weinhandlung	**wine merchant's** ['waɪn ,mɜ:tʃənts]
Zeitungshändler	**newsagent's** ['nju:z,eɪdʒənts]

Bücher, Zeitschriften und Schreibwaren

Ich hätte gern ...	**I'd like ...** [aɪd laɪk]
eine deutsche Zeitung.	**a German newspaper.** [ə 'dʒɜːmən 'njuːzpeɪpə]
eine Zeitschrift.	**a magazine.** [ə ˌmægə'ziːn]
einen Reiseführer.	**a travel guide.** [ə trævl gaɪd]
eine Wanderkarte dieser Gegend.	**a hiking map for this area.** [ə 'haɪkɪŋ mæp fər ðɪs‿'eərɪə

Bücher, Zeitschriften und Zeitungen

Belletristik	**fiction** ['fɪkʃən]
Illustrierte	**magazine** [ˌmægə'ziːn]
Kochbuch	**cookbook** [kʊk bʊk]
Kriminalroman	**thriller, detective story** ['θrɪlə, dɪ'tektɪv 'stɔːrɪ]
Landkarte	**map** [mæp]
Reiseführer	**travel guide** [trævl gaɪd]
Roman	**novel** ['nɒvl]
Sachbuch	**non-fiction** [nɒn'fɪkʃən]
Stadtplan	**town map** ['taʊn 'mæp]
Straßenkarte	**road map** ['rəʊd mæp]
Taschenbuch	**paperback** ['peɪpəbæk]
Wörterbuch	**dictionary** ['dɪkʃənrɪ]
Zeitschrift	**magazine** [ˌmægə'ziːn]
Zeitung	**newspaper** ['njuːzpeɪpə]

Haarwaschmittel	**shampoo** [ʃæm'puː]
Kamm	**comb** [kəʊm]
Lichtschutzfaktor	**protection factor** [prə'tekʃn ˌfæktə]
Lippenstift	**lipstick** ['lɪpstɪk]
Nagellack	**nail varnish** ['neɪlˌvɑːnɪʃ]
Nagellackentferner	**nail varnish remover** ['neɪlˌvɑːnɪʃ rɪ'muːvə]
Nagelschere	**nail scissors** ['neɪlˌsɪzəz]
Papiertaschentücher	**paper handkerchiefs** ['peɪpə 'hæŋkətʃɪfs]
Parfüm	**perfume, scent** ['pɜːfjuːm, sent]
Pflaster	**plaster** ['plɑːstə]
Pinzette	**tweezers** ['twiːzəz]
Präservativ	**condom** ['kɒndəm]
Puder	**powder** ['paʊdə]
Rasierapparat	**shaver** ['ʃeɪvə]
Wegwerfrasierer	**disposable razor** [dɪ'spəʊzəbl 'reɪzə]
Rasierklinge	**razorblade** ['reɪzəbleɪd]
Rasierpinsel	**shaving brush** ['ʃeɪvɪŋ brʌʃ]
Rasierschaum	**shaving foam** ['ʃeɪvɪŋ fəʊm]
Rasierwasser	**after-shave lotion** ['ɑːftəʃeɪv ˌləʊʃn]
Seife	**soap** [səʊp]
Slipeinlagen	**panty liners** ['pæntɪ laɪnəz]
Sonnencreme	**suntan lotion** ['sʌntæn ˌləʊʃn]
Sonnenöl	**suntan oil** ['sʌntæn‿ɔɪl]
Spiegel	**mirror** ['mɪrə]
Spülbürste	**washing-up brush** ['wɒʃɪŋ‿ʌp brʌʃ
Spülmittel	**detergent** [dɪ'tɜːdʒnt]
Spültuch	**dishcloth** ['dɪʃklɒθ]
Tampons	**tampons** ['tæmpənz]
Toilettenpapier	**toilet paper** ['tɔɪlɪtˌpeɪpə]

Schreibwaren

Ansichtskarte	**picture postcard** ['pɪktʃə 'pəʊstkɑ:d]
Bleistiftspitzer	**pencil sharpener** ['pensl 'ʃɑ:pnə]
Block	**writing pad** ['raɪtɪŋ pæd]
Briefpapier	**writing paper** ['raɪtɪŋpeɪpə]
Briefumschlag	**envelope** ['envələʊp]
Farbstift	**coloured pencil** ['kʌləd 'pensl]
Kugelschreiber	**ballpoint pen, biro** ['bɔ:lpɔɪnt 'pen, 'baɪrəʊ]
Malbuch	**colouring book** ['kʌlərɪŋ bʊk]
Malstifte	**crayons** [kreɪənz]
Papier	**paper** ['peɪpə]
Reißzwecken	**drawing pins** ['drɘ:ɪŋ pɪnz]
Tesafilm®	**sellotape®** ['seləʊteɪp]
Tinte	**ink** [ɪŋk]
Tintenpatronen	**ink cartridges** [ɪŋk 'kɑ:trɪdʒɪz]]

Drogerieartikel

Bürste	**brush** [brʌʃ]
Creme	**cream** [kri:m]
Handcreme	**hand cream** ['hændkri:m]
Damenbinden	**sanitary towels** ['sænɪtrɪ 'taʊəlz]
Deo(dorant)	**deodorant** [di:'əʊdərnt]
Duschgel	**shower gel** ['ʃaʊə dʒel]
Haarfestiger	**setting lotion** ['setɪŋ ˌləʊʃn]
Haargel	**hair gel** ['heə dʒel]
Haargummi	**hairband** ['heəbænd]
Haarklammern	**hairpins** ['heəpɪnz]

Milchgeschäft	**dairy** ['deərɪ]
Musikgeschäft	**music shop** ['mju:zɪk ʃɒp]
Obst- und Gemüsehändler	**greengrocer's** [gri:n'grəʊsəz]
Optiker	**optician's** [ɒp'tɪʃənz]
Parfümerie	**perfumery** [pə'fju:mərɪ]
Reformhaus	**health food shop** ['helθˌfu:d ʃɒp]
Reinigung, chemische	**dry cleaner's** ['draɪ'kli:nəz]
Reisebüro	**travel agency** ['trævl 'eɪdʒənsɪ]
Schneider/in	*(für Herren)* **tailor;** *(für Damen)* **dressmaker** ['teɪlə· 'dresˌmeɪkə]
Schreibwarengeschäft	**stationer's** ['steɪʃnəz]
Schuhgeschäft	**shoe shop** ['ʃu: ʃɒp]
Schuhmacher	**shoemaker's, cobbler's** ['ʃu:ˌmeɪkəz, 'kɒbləz]
Souvenirladen	**souvenir shop** ['su:vənɪə ʃɒp]
Spielwarengeschäft	**toy shop** ['tɔɪ ʃɒp]
Spirituosengeschäft	**off-licence** ['ɒfˌlaɪsns]
Sportartikel	**sports shop** ['spɔ:ts ʃɒp]
Supermarkt	**supermarket** ['su:pəˌmɑ:kɪt]
Süßwarengeschäft	**sweetshop** ['swi:tʃɒp]
Tabakladen	**tobacconist's** [tə'bækənɪsts]
Trödler	**second-hand shop** ['sekndhænd ʃɒp]
Uhrmacher	**watchmaker's** ['wɒtʃˌmeɪkəz]
Wäscherei	**laundry** ['lɔ:ndrɪ]
Waschsalon	**launderette** [ˌlɔ:ndə'ret]
Weinhandlung	**wine merchant's** ['waɪn ˌmɜ:tʃənts]
Zeitungshändler	**newsagent's** ['nju:zˌeɪdʒənts]

Bücher, Zeitschriften und Schreibwaren

Ich hätte gern ...	**I'd like ...** [aɪd laɪk]
eine deutsche Zeitung.	**a German newspaper.** [ə 'dʒɜːmən 'njuːzpeɪpə]
eine Zeitschrift.	**a magazine.** [ə ˌmægə'ziːn]
einen Reiseführer.	**a travel guide.** [ə trævl gaɪd]
eine Wanderkarte dieser Gegend.	**a hiking map for this area.** [ə 'haɪkɪŋ mæp fər ðɪs‿'eərɪə

Bücher, Zeitschriften und Zeitungen

Belletristik	**fiction** ['fɪkʃən]
Illustrierte	**magazine** [ˌmægə'ziːn]
Kochbuch	**cookbook** [kʊk bʊk]
Kriminalroman	**thriller, detective story** ['θrɪlə, dɪ'tektɪv 'stɔːrɪ]
Landkarte	**map** [mæp]
Reiseführer	**travel guide** [trævl gaɪd]
Roman	**novel** ['nɒvl]
Sachbuch	**non-fiction** [nɒn'fɪkʃən]
Stadtplan	**town map** ['taʊn 'mæp]
Straßenkarte	**road map** ['rəʊd mæp]
Taschenbuch	**paperback** ['peɪpəbæk]
Wörterbuch	**dictionary** ['dɪkʃənrɪ]
Zeitschrift	**magazine** [ˌmægə'ziːn]
Zeitung	**newspaper** ['njuːzpeɪpə]

Verhütungsmittel	**contraceptive** [ˌkɒntrə'septɪv]
Waschlappen	**flannel** ['flænl]
Waschmittel	**detergent** [dɪ'tɜ:dʒnt]
Watte	**cotton wool** [ˌkɒtn'wʊl]
Wattestäbchen	**cotton swabs** ['kɒtn 'swɒbs]
Wimperntusche	**mascara** [mæ'skɑ:rə]
Zahnbürste	**toothbrush** ['tu:θbrʌʃ]
Zahnseide	**dental floss** ['dentl flɒs]
Zahnpasta	**toothpaste** ['tu:θpeɪst]

Elektroartikel

➢ **auch Fotoartikel, und Schallplatten und CDs**

Adapter	**adapter** [ə'dæptə]
Batterie	**battery** ['bætrɪ]
Föhn	**hair dryer** ['heəˌdraɪə]
Gameboy®	**Gameboy®** [geɪmbɔɪ]
Glühbirne	**bulb** [bʌlb]
Kabel	**cable** ['keɪbl]
Ladegerät	**battery charger** ['bætrɪ 'tʃɑ:dʒə]
Notebook	**notebook** [nəʊtbʊk]
Organizer	**organizer** ['ɔ:gənaɪzə]
Pager	**pager** [' peɪdʒə]
Sicherung	**fuse** [fju:z]
Stecker	**plug** [plʌg]
Taschenlampe	**torch** [tɔ:tʃ]
Taschenrechner	**pocket calculator** ['pɒkɪt 'kælkjʊˌleɪtə]
Verlängerungsschnur	**extension lead** [ɪks'tenʃən li:d]
Wecker	**alarm clock** [ə'lɑ:m 'klɒk

Fotoartikel

➢ **auch Filmen und Fotografieren (Kap. Wichtiges von A bis Z)**

Ich möchte ...	**I'd like ...** [aɪd laɪk]
einen Film für diesen Fotoapparat.	**a film for this camera.** [ə 'fɪlm fə ðɪs 'kæmrə]
einen Farbfilm (für Dias).	**a colour film (for slides).** [ə 'kʌlə fɪlm (fə 'slaɪdz)]
... funktioniert nicht.	**The ... doesn't work.** [ðə ... dʌznt wɜːk]
Das ist kaputt. Können Sie es bitte reparieren?	**It's broken. Can you mend it?** [ɪts 'brəʊkn. kən‿jʊ 'mend‿ɪt]

Auslöser	**shutter** ['ʃʌtə]
Belichtungsmesser	**light meter** ['laɪt ˌmiːtə]
Blitzgerät	**flash** [flæʃ]
Camcorder	**camcorder** [kæmkɔːdə]
Digitalkamera	**digital camera** ['dɪdʒɪtəl ˌkæmrə]
Filmempfindlichkeit	**film speed** ['fɪlm ˌspiːd]
Linse	**lens** [lenz]
Objektiv	**lens, objective** [lenz, əb'dʒektɪv]
Schwarzweiß-Film	**black-and-white film** ['blæk‿ən 'waɪt 'fɪlm]
Selbstauslöser	**self-timer** [self 'taɪmə]
Sofortbildkamera	**Polaroid® camera** ['pəʊlərɔɪdˌkæmrə]
Stativ	**tripod** ['traɪpɒd]
Sucher	**viewfinder** ['vjuːˌfaɪndə]
Teleobjektiv	**telephoto lens** ['telɪˌfəʊtəʊ lenz]

Videofilm	**video film** ['vɪdɪəʊfɪlm]
Videokamera	**video camera** ['vɪdɪəʊˌkæmrə]
Videokassette	**video cassette** [ˌvɪdɪəʊkə'set]
Videorekorder	**video recorder** ['vɪdɪəʊrɪˌkɔːdə]

Frisör

Waschen und föhnen, bitte.	**Shampoo and blow dry, please.** [ʃæm'puː ən 'bləʊ 'draɪ pliːz]
Schneiden mit/ohne Waschen, bitte.	**Wash and cut/Dry cut, please.** ['wɒʃ‿ən 'kʌt/'draɪ 'kʌt pliːz]
Ich möchte ...	**I'd like ...** [aɪd laɪk]
Nur die Spitzen.	**Just trim the ends.** [dʒʌst trɪm ðɪ‿'endz]
Nicht zu kurz/Ganz kurz/Etwas kürzer, bitte.	**Not too short/Very short/A bit shorter, please.** ['nɒt 'tuː 'ʃɔːt/'verɪ 'ʃɔːt/ə 'bɪt 'ʃɔːtə pliːz]
Rasieren, bitte.	**I'd like a shave, please.** [aɪd laɪk‿ə 'ʃeɪv pliːz]
Stutzen Sie mir bitte den Bart.	**Would you trim my beard, please?** [wʊd‿jʊ 'trɪm‿maɪ 'bɪəd pliːz]
Vielen Dank. So ist es gut.	**Thank you. That's fine.** ['θæŋkjʊ. ðæts 'faɪn]

Bart	**beard** [bɪəd]
blond	**blond(e)** [blɒnd]
Dauerwelle	**perm** [pɜːm]
färben	**dye** [daɪ]

föhnen	**blow dry** ['bləʊ 'draɪ]
frisieren	**do someone's hair** [du: 'sʌmwʌnz 'heə]
Frisur	**hairstyle** ['heəstaɪl]
Haar	**hair** [heə]
Haarteil	**hairpiece , wig** [heə'pi:s, wɪg]
kämmen	**comb** [kəʊm]
Koteletten	**sideboards** ['saɪdbɔ:dz]
legen	**set** [set]
Locken	**curls** [kɜ:lz]
Lockenwickler	**curlers** ['kɜ:ləz]
Perücke	**wig** [wɪg]
Pony	**fringe** [frɪnʒ]
Scheitel	**parting** ['pɑ:tɪŋ]
Schnurrbart	**moustache** [məs'tɑ:ʃ]
Schuppen	**dandruff** ['dændrʌf]
Shampoo	**shampoo** [ʃæm'pu:]
Strähnchen	**highlights** ['haɪlaɪts]
Stufenschnitt	**layered cut** ['leɪəd ˌkʌt]
tönen	**tint** [tɪnt]

Haushaltswaren

Abfallbeutel	**bin liner** ['bɪnˌlaɪnə]
Alufolie	**tin foil** ['tɪnfɔɪl]
Bindfaden	**string** [strɪŋ]
Brennspiritus	**methylated spirits** ['meθɪleɪtɪd 'spɪrɪts]
Dosenöffner	**tin opener** ['tɪnˌəʊpnə]
Draht	**wire** ['waɪə]

Flaschenöffner	**bottle opener** ['bɒtḷəʊpnə]
Frischhaltefolie	**clingfilm** ['klɪŋfɪlm]
Glas	**glass** [glɑːs]
Grill	**grill** [grɪl]
Grillanzünder	**firelighters** ['faɪəˌlaɪtaz]
Grillkohle	**charcoal** ['tʃɑːkəʊl]
Kerzen	**candles** ['kændlz]
Korkenzieher	**corkscrew** ['kɔːkskruː]
Kühlelement	**ice pack** ['aɪspæk]
Kühltasche	**cold bag** ['kəʊld bæg]
Papierservietten	**paper napkins, serviettes** ['peɪpə 'næpkɪnz, ˌsɜːvɪ'ets]
Petroleum	**paraffin** ['pærəfɪn]
Plastikbeutel	**plastic bag** ['plæstɪk 'bæg]
Schere	**scissors** ['sɪzəz]
Taschenmesser	**pocket knife** ['pɒkɪt naɪf]
Thermosflasche	**thermos flask** ['θɜːməs flɑːsk]
Wäscheklammern	**clothes pegs** ['kləʊðz lpegz]
Wäscheleine	**clothes line** ['kləʊðz laɪn]

Lebensmittel

Was darf es sein?	**What can I get you?** ['wɒt kən‿aɪ 'get‿jʊ]
Geben Sie mir bitte ...	**I'd like ...** [aɪd laɪk]
ein Pfund ...	**a pound of ...** [ə 'paʊnd‿əv]
10 Scheiben ...	**ten slices of ...** ['ten 'slaɪsɪz‿əv]
ein Stück von ...	**a piece of ...** [ə 'piːs‿əv]

eine Packung ...	**a packet of ...** [ə 'pækɪt‿əv]
ein Glas ...	**a jar of ...** [ə 'dʒɑːr‿əv]
eine Dose ...	**a tin of ...** [ə 'tɪn‿əv]
eine Flasche ...	**a bottle of ...** [ə 'bɒtl‿əv]
eine Einkaufstüte.	**a bag, please.** [ə 'bæg pliːz]
Darf es auch etwas mehr sein?	**Will you take a little bit more?** [wɪl‿jʊ teɪk ‿ə lɪtl'bɪt mɔː]
Dürfte ich vielleicht etwas hiervon probieren?	**Could I try some of this, please?** [ˌkʊd‿aɪ 'traɪ sʌm‿əv 'ðɪs pliːz]
Danke, das ist alles.	**No, thank you. That's all.** ['nəʊ 'θæŋkjʊ. ðæts‿'ɔːl]

Obst / Fruit

frisch	**fresh** [freʃ]
Trockenfrüchte	**dried fruit** [draɪd fruːt]
Ananas	**pineapple** ['paɪn̩æpl]
Äpfel	**apples** ['æplz]
Apfelsinen	**oranges** ['ɒrɪndʒɪz]
Aprikosen	**apricots** ['eɪprɪkɒts]
Bananen	**bananas** [bə'nɑːnəz]
Birnen	**pears** [peəz]
Brombeeren	**blackberries** ['blækbrɪz]
Datteln	**dates** [deɪts]
Erdbeeren	**strawberries** ['strɔːbrɪz]
Feigen	**figs** [fɪgz]
Heidelbeeren *(blau)*	**blackcurrants** ['blæk'kʌrəntz]
(rot)	**redcurrants** [red'kʌrəntz]
Himbeeren	**raspberries** ['rɑːzbərɪz]

Kirschen	**cherries** ['tʃerɪz]
Kokosnuss	**coconut** ['kəʊkənʌt]
Mandarinen	**mandarins, tangerines** ['mændərɪn, ˌtænʒə'ri:n]
Limone	**lime** [laɪm]
Maulbeeren	**mulberries** ['mʌlbrɪz]
Melone	**melon** ['melən]
Obst	**fruit** [fru:t]
Pampelmuse	**grapefruit** ['greɪpfru:t]
Pfirsiche	**peaches** ['pi:tʃɪz]
Pflaumen	**plumbs** [plʌmz]
Preiselbeeren	**cranberries** [krænbərɪz]
Rosinen	**raisins, currants** ['reɪzənz, 'kʌrəntz]
Stachelbeeren	**gooseberries** ['gʊzbərɪz]
Weintrauben	**grapes** [greɪps]
Zitronen	**lemons** ['lemənz]

Gemüse — Vegetables

Artischocken	**artichokes** ['ɑ:tɪtʃəʊks]
Auberginen	**aubergines** ['əʊbəʒi:nz]
Avocado	**avocado** [ˌævə'kɑ:dəʊ]
Blumenkohl	**cauliflower** ['kɒlɪˌflaʊə]
Bohnen	**beans** [bi:nz]
grüne Bohnen	**green beans** ['gri:n 'bi:nz]
weiße Bohnen	**butter beans** ['bʌtə'bi:nz]
rote Bohnen	**kidney beans** ['kɪdnɪ'bi:nz]
Chicoree	**chicory** ['tʃɪkərɪ]
Erbsen	**peas** [pi:z]
Fenchel	**fennel** ['fenl]
Gemüse	**vegetables** ['vedʒtəblz]

Gurke	**cucumber** ['kju:kʌmbə]
Karotten	**carrots** ['kærəts]
Kartoffeln	**potatoes** [pə'teɪtəʊz]
Kichererbsen	**chickpeas** ['tʃɪkpi:z]
Knoblauch	**garlic** ['gɑ:lɪk]
Kohl	**cabbage** ['kæbɪdʒ]
Kürbis	**pumpkin** ['pʌmpkɪn]
Lauch	**leek(s)** [li:k(s)]
Linsen	**lentils** ['lentɪlz]
Mais	**sweetcorn** ['swi:tkɔ:n]
Meerrettich	**horseradish** [hɔ:s'rædɪʃ]
Oliven	**olives** ['ɒlɪvz]
Paprikaschoten	**peppers** ['pepəz]
Petersilie	**parsley** ['pɑ:slɪ]
Radieschen	**radishes** ['rædɪʃɪz]
rote Beete	**beetroot** [bi:tru:t]
Salat	**salad** ['sæləd]
Kopfsalat	**lettuce** ['letɪs]
Sellerie	**celeriac** [sə'lerɪæk]
Spargel	**asparagus** [ə'spærəgəs]
Spinat	**spinach** ['spɪnɪdʒ]
Tomaten	**tomatoes** [tə'mɑ:təʊz]
Zwiebeln	**onions** ['ʌnjənz]

Backwaren, Süßwaren … / Bakery products, confectionery …

Bonbons	**sweets** (*Am* **candy**) [swi:ts ('kændɪ)]
Brot	**bread** [bred]
Vollkornbrot	**wholemeal bread** [həʊlmi:l bred]

Schwarzbrot	**brown rye bread** [braʊn raɪ bred]
Weißbrot	**white bread** ['waɪt ˌbred]
Brötchen	**rolls** [rəʊlz]
belegte Brötchen	**filled rolls** ['fɪld rəʊlz]
Eis(krem)	**ice-cream** [ˌaɪs'kriːm]
Gebäck	**biscuits** ['bɪskɪts]
Haferflocken	**rolled oats** ['rəʊld 'əʊts]
Kekse	**biscuits** ['bɪskɪts]
Kuchen	**cake** [keɪk]
Marmelade	**jam** [dʒæm]
	(Orangen~) **marmalade** ['mɑːməleɪd]
Müsli	**muesli** ['mjuːzlɪ]
Schokolade	**chocolate** ['tʃɒklɪt]
Schokoriegel	**bar of chocolate, chocolate bar** ['bɑːr‿əv 'tʃɒklɪt, 'tʃɒklɪt bɑː]
Süßigkeiten	**sweets** (*Am* **candy**) [swiːts ('kændɪ)]
Toast	**toast** [təʊst]

Eier und Milchprodukte

Dairy products

Butter	**butter** ['bʌtə]
Buttermilch	**buttermilk** ['bʌtəmɪlk]
Eier	**eggs** [egz]
Joghurt	**yoghurt** ['jɒgət]
Käse	**cheese** [tʃiːz]
Milch	**milk** [mɪlk]
fettarme Milch	**low-fat milk** ['ləʊ'fæt 'mɪlk]
Quark	**quark** [kwɑːk]
Sahne	**cream** [kriːm]

saure Sahne	**sour cream** ['saʊə skri:m]
Schlagsahne	**whipping cream** [wɪpɪŋ kri:m]

Fleisch und Wurstwaren / Meat and meat products

Aufschnitt	**cold meat** ['kəʊld 'mi:t]
Fleisch	**meat** [mi:t]
Gulasch	**goulash** ['gu:læʃ]
Hackfleisch	**mince, minced meat** [mɪns, 'mɪnst 'mi:t]
Hähnchen	**chicken** ['tʃɪkɪn]
Hammelfleisch	**mutton** ['mʌtn]
Kalbfleisch	**veal** [vi:l]
Kaninchen	**rabbit** ['ræbɪt]
Kotelett	**chop, cutlet** [tʃɒp, 'kʌtlɪt]
Lammfleisch	**lamb** [læm]
Leberpastete	**liver pâté** ['lɪvəˌpæteɪ]
Leberwurst	**liver sausage** ['lɪvəˌsɒsɪdʒ]
Rindfleisch	**beef** [bi:f]
Salami	**salami** [sə'lɑ:mɪ]
Schinken	**ham** [hæm]
gekochter Schinken	**cooked ham** ['kʊkt 'hæm]
roher Schinken	**smoked ham** ['sməʊkt 'hæm]
Schweinefleisch	**pork** [pɔ:k]
Wurst	**sausage** ['sɒsɪdʒ]
Würstchen	**sausages** ['sɒsɪdʒɪz]

Fisch und Meeresfrüchte | Fish and seafood

Aal	**eel** [i:l]
Austern	**oysters** ['ɔɪstəz]
Barsch	**perch** [pɜ:tʃ]
Fisch	**fish** [fɪʃ]
Garnelen	**prawns** [prɔ:nz]
Goldbrasse	**bream** [bri:m]
Hering	**herring** ['herɪŋ]
Krabben	**shrimps** [ʃrɪmps]
Makrele	**mackerel** ['mækrl]
Miesmuscheln	**mussels** ['mʌslz]
Muscheln	**mussels** ['mʌslz]
Schwertfisch	**swordfish** [sɔ:dfɪʃ]
Seezunge	**sole** [səʊl]
Thunfisch	**tuna** ['tu:nə]
Tintenfisch	**squid** [skwɪd]

Gewürze | Herbs and spices

Basilikum	**basil** ['bæzl]
Ingwer	**ginger** ['dʒɪndʒə]
Kräuter	**herbs** [hɜ:bz]
Kümmel	**caraway seed(s)** ['kærəweɪ si:d(z)]
Lorbeer	**bay-leaves** ['beɪlɪv:z]
Minze	**mint** [mɪnt]
Muskatnuss	**nutmeg** ['nʌtmeg]
Nelken	**cloves** [kləʊvz]
Paprika	**paprika** ['pæprɪkə]

Pfeffer	**pepper** ['pepə]
Rosmarin	**rosemary** ['rəʊzmərɪ]
Safran	**saffron** ['sæfrn]
Salbei	**sage** [seɪdʒ]
Zimt	**cinnamon** ['sɪnəmən]
Thymian	**thyme** [taɪm]

Dies und das / This and that

Essig	**vinegar** ['vɪnɪgə]
Honig	**honey** ['hʌnɪ]
Konserven	**tinned food** ['tɪnd 'fu:d]
Linsen	**lentils** ['lentlz]
Mandeln	**almonds** ['ɑ:məndz]
Margarine	**margarine** [ˌmɑ:dʒə'ri:n]
Majonäse	**mayonnaise** [ˌmeɪə'neɪz]
Mehl	**flour** ['flaʊə]
Nudeln	**pasta** ['pæstə]
Nüsse	**nuts** [nʌts]
Öl	**oil** [ɔɪl]
Olivenöl	**olive oil** ['ɒlɪv‿'ɔɪl]
Reis	**rice** [reɪs]
Salz	**salt** [sɔ:lt]
Senf	**mustard** ['mʌstəd]
Spaghetti	**spaghetti** [spə'getɪ]
Suppe	**soup** [su:p]
Zucker	**sugar** ['ʃʊgə]

Getränke | Drinks

Bier	**beer** [bɪə]
alkoholfreies Bier	**alcohol-free beer** ['ælkəhɒlfriː 'bɪə]
Champagner	**champagne** [ʃæm'peɪn]
Glühwein	**mulled wine** [mʌld waɪn]
Kaffee	**coffee** ['kɒfɪ]
Kakao	**cocoa** ['kəʊkəʊ]
Limonade	**lemonade** [ˌlemə'neɪd]
Mineralwasser	**mineral water** ['mɪnrl ˌwɔːtə]
Orangensaft	**orange juice** ['ɒrɪnʒ dʒuːs]
Tee	**tea** [tiː]
Teebeutel	**tea bags** ['tiːbægz]
Wein	**wine** [waɪn]
Rosé	**rosé wine** ['rəʊzeɪ waɪn]
Rotwein	**red wine** [red waɪn]
Weißwein	**white wine** [waɪt waɪn]

Mode

➢ auch Farben (Kap. Allgemeines)

Kleidung

Können Sie mir ... zeigen?	**Can you show me ...?** [kən‿jʊ 'ʃəʊ mɪ]
Kann ich es anprobieren?	**Can I try it on?** [kən‿aɪ 'traɪ‿ɪt‿'ɒn]
Welche (Konfektions-) Größe haben Sie?	**What size do you take?** [wɒt 'saɪz dʊ‿jʊ teɪk]
Das ist mir zu ...	**It's too ...**[ɪts tuː]
eng/weit.	**tight/big** ['taɪt/bɪg]

kurz/lang.	**short/long.** ['ʃɔːt/'lɒŋ]
klein/groß.	**small/big.** ['smɔːl/'bɪg]
Das passt gut. Ich nehme es.	**It's a good fit. I'll take it.** [ɪts‿ə 'gʊd 'fɪt. aɪl 'teɪk‿ɪt]
Das ist nicht ganz, was ich möchte.	**It's not quite what I wanted.** [ɪts 'nɒt 'kwaɪt wɒt‿aɪ 'wɒntɪd]

Anorak	**anorak** ['ænəræk]
Anzug	**suit** [sjuːt]
Ärmel	**sleeve** [sliːv]
Badeanzug	**swimming costume** ['swɪmɪŋ 'kɒstjuːm]
Badehose	**bathing trunks** ['beɪðɪŋ trʌŋks]
Bademantel	**bathrobe** ['bɑːθrəʊb]
Bademütze	**bathing-cap** ['beɪðɪŋkæp]
Baumwolle	**cotton** ['kɒtn]
Bikini	**bikini** [bɪ'kiːnɪ]
Blazer	**blazer** ['bleɪzə]
Bluse	**blouse** [blaʊz]
Büstenhalter	**bra** [brɑː]
Fliege	**bow-tie** [ˌbəʊ'taɪ]
Halstuch	**scarf** [skɑːf]
Handschuhe	**gloves** [glʌvz]
Hemd	**shirt** [ʃɜːt]
Hose	**trousers** (*Am* **pants**) ['traʊzəz, pænts]
Hut	**hat** [hæt]
Sonnenhut	**sunhat** ['sʌnhæt]
Jacke	**jacket** ['dʒækɪt]
Jeans	**jeans** [dʒiːnz]
Jogginganzug	**tracksuit** ['træksjuːt]
Jogginghose	**tracksuit bottoms** ['træksjuːt 'bɒtəmz]

Kleid	**dress** [dres]
Kostüm	**suit** [sju:t]
Kragen	**collar** ['kɒlə]
Krawatte	**tie** [taɪ]
Leggins	**leggings** ['legɪŋz]
Leinen	**linen** ['lɪnɪn]
Mantel	**coat** [kəʊt]
Mütze	**cap** [kæp]
Pullover	**pullover, jumper, sweater** ['pʊləʊvə, 'dʒʌmpə, 'swetə]
Regenmantel	**raincoat** ['reɪnkəʊt]
Reißverschluss	**zip** [zɪp]
Rock	**skirt** [skɜ:t]
Rollkragen	**polo-neck** ['pəʊləʊnek]
Schal	**scarf** [skɑ:f]
Schirm	**umbrella** [ʌm'brelə]
Seide	**silk** [sɪlk]
Seidenstrumpfhose	**silk tights** ['sɪlk 'taɪts]
Shorts	**shorts** [ʃɔ:ts]
Skihose	**ski trousers (***Am* **pants)**
Slip	*(Herren)* **briefs** [bri:fs]; *(Damen)* **panties** ['pæntɪz]
Socken	**socks** [sɒks]
Strickjacke	**cardigan** ['kɑ:dɪgən]
Strümpfe	**stockings** ['stɒkɪŋz]
Strumpfhose	**tights** [taɪts]
Tasche *(Hose/Jacke)*	**pocket** ['pɒkɪt]
Unterhemd	**vest** [vest]
Unterhose	*(Damen)* **panties;** [pæntɪz]; *(Herren)* **pants** [pænts]
Unterwäsche	**underwear** ['ʌndəweə]

Weste	**waistcoat** ['weɪskəʊt]
Wolle	**wool** [wʊl]

Konfektionsgrößen in GB und den USA:

Damenkleider, Kostüme, Mäntel usw.

Amerik.	30	32	34	36	38	40	42
Britisch	32	34	36	38	40	42	44
Deutsch	38	40	42	44	46	48	50

Herrenanzüge, Mäntel usw.

Britisch	36	38	40	42	44	46
Deutsch	46	48	50	52	54	56

Herrenhemden (Kragenweite)

Britisch	13	13½	14	14½	15	15½	15¾	16	16½	17	17½
Deutsch	34	35	36	37	38	39	40	41	42	43	44

Schuhe

Britisch	2½	3½	4	5	6	6	7	8	9	9½
Deutsch	35	36	37	38	39	40	41	42	43	44

Reinigung

Ich möchte diese Sachen reinigen/waschen lassen.	**I'd like to have these things cleaned/ washed.** [aɪd laɪk tə hæv ðiːz θɪŋz 'kliːnd/'wɒʃt]
Wann sind sie fertig?	**When will they be ready?** ['wen wɪl ðeɪ bɪ 'redɪ]

bügeln	**iron** ['aɪən]
chemisch reinigen	**dry-clean** ['draɪ'kliːn]
Wäsche	**dirty washing** ['dɜːtɪ 'wɒʃɪŋ]

Optiker

Würden Sie mir bitte diese Brille reparieren?	**Could you repair these glasses for me, please.** [kʊd jʊ rɪ'peə ðiːz 'glɑːsɪz fə mɪ pliːz]
Ich bin kurzsichtig/weitsichtig.	**I'm short-sighted/long-sighted.** [aɪm ʃɔːt'saɪtɪd/ˌlɒŋ'saɪtɪd]
Wie ist Ihre Sehstärke?	**What's your acuity?** ['wɒts‿jɔːr‿ə'kjuːətɪ]
rechts ..., links ...	**... in the right eye, ... in the left eye.** [... ɪn ðə 'raɪt‿aɪ, ... ɪn ðə 'left‿aɪ]
Wann kann ich die Brille abholen?	**When can I pick up the glasses?** ['wen kən‿aɪ 'pɪkˌʌp ðə 'glɑːsɪz]
Ich brauche ...	**I need ...** [aɪ niːd]
Aufbewahrungslösung	**some storage solution** [sm 'stɔːrɪdʒ sə'luːʃn]
Reinigungslösung	**some cleansing solution** [sm 'klenzɪŋ sə'luːʃn]
für harte/weiche Kontaktlinsen.	**for hard/soft contact lenses.** [fə 'hɑːd/'sɒft 'kɒntækt ˌlenzɪz]
Ich suche ...	**I'm looking for ...** [aɪm 'lʊkɪŋ fə]
eine Sonnenbrille.	**some sunglasses.** [sm 'sʌŋˌglɑːsɪz]
ein Fernglas.	**some binoculars.** [sm bɪ'nɒkjʊləz]

Schallplatten und CDs

➢ **auch Elektroartikel, und Konzert (Kap. Unterhaltung)**

Haben Sie CDs / Kassetten von ...?	**Do you have any CDs/cassettes by ...?** [du jʊ 'hæv 'enɪ 'si:'di:z/kə'sets baɪ]
Ich hätte gern eine CD mit typisch irischer/schottischer Musik.	**I'd like a CD of typical French music.** [ˌaɪd 'laɪk‿ə 'si:'di: əv 'tɪpɪkəl 'aɪrɪʃ/'skɔtɪʃ 'mju:zɪk]
CD, Compactdisc	**CD, compact disc** ['si:'di:, 'kɒmpækt 'dɪsk]
CD-Spieler	**CD player** ['si:'di: pleɪə]
Kassette	**cassette** [kə'set]
Kassettenrekorder	**cassette recorder** [kə'set rɪ'kɔ:də]
Kopfhörer	**headphones** ['hedfəʊnz]
Lautsprecher	**speaker** ['spi:kə]
Schallplatte	**record** ['rekɔ:d]
Walkman®	**personal stereo** ['pɜ:snl 'sterɪəʊ]

Schuhe und Lederwaren

Ich möchte ein Paar ...schuhe.	**I'd like a pair of ... shoes.** [aɪd laɪk‿ə peər‿əv ... 'ʃu:z]
Ich habe Schuhgröße ...	**I take shoe size ...** [aɪ 'teɪk 'ʃu: 'saɪz]
Sie drücken mich.	**They're too tight.** [ðeə 'tu: taɪt
Sie sind zu weit.	**They're too wide.** [ðeə 'tu: 'waɪd]

Absatz	**heel** [hi:l]
Badeschuhe	**bathing shoes** ['beɪðɪŋ 'ʃu:z]
Gummistiefel	**rubber boots, wellingtons** ['rʌbə 'bu:ts, 'welɪŋtənz]
Gürtel	**belt** [belt]
Handtasche	**handbag** ['hændbæg]
Koffer	**suitcase** ['sju:tkeɪs]
Lederhose	**leather trousers** ['leðə 'traʊzəz]
Lederjacke	**leather jacket** ['leðə 'dʒækɪt]
Ledermantel	**leather coat** ['leðə 'kəʊt]
Reisetasche	**travelling bag, holdall** [trævlɪŋ bæg, 'həʊldɔ:l]
Rucksack	**rucksack** ['rʌksæk]
Sandalen	**sandals** ['sændlz]
Schnürsenkel	**laces** [leɪsɪs]
Schuh	**shoe** ['ʃu:]
Schuhbürste	**shoebrush** ['ʃu:brʌʃ]
Schuhcreme	**shoecream** ['ʃu: kri:m]
Skistiefel	**ski boots** [ski: bu:ts]
Sohle	**sole** [səʊl]
Stiefel	**boots** [bu:ts]
Strandschuhe	**beach shoes** [bi:tʃ 'ʃu:z]
Tasche	**bag** [bæg]
Turnschuhe	**trainers** ['treɪnəz]
Umhängetasche	**shoulder bag** ['ʃəʊldə bæg]

Souvenirs

Ich möchte ... — **I'd like ...** [aɪd laɪk]

ein hübsches Andenken/Geschenk. — **a nice souvenir/present.** [‿ə naɪs 'su:vənɪə/'preznt]

etwas Typisches aus dieser Gegend. — **something typical of this area.** ['sʌmθɪŋ 'tɪpɪkəl‿əv ðɪs‿'eərɪə]

Wie viel wollen Sie ausgeben? — **How much do you want to spend?** ['haʊ 'mʌtʃ djʊ wɒnt‿tə 'spend]

Ich möchte etwas nicht zu Teures. — **I'd like something that's not too expensive.** [aɪd laɪk 'sʌmθɪŋ ðəts 'nɒt 'tu: ɪks'pensɪv]

Das ist aber hübsch. — **That's lovely.** [ðæts 'lʌvlɪ]

Danke schön, ich habe nichts gefunden, was mir gefällt. — **Thanks, but I didn't find anything I liked.** ['θæŋks bʌt aɪ 'dɪdn 'faɪnd 'enɪθɪŋ aɪ 'laɪkt]

echt — **genuine** ['dʒenʊɪn]
Folkloreladen — **folk arts shop** [fəʊk 'ɑ:ts ʃɒp][
handgewebt — **hand-woven** [hænd'wəʊvən]
handgemacht — **hand-made** [hænd'meɪd]
Keramik — **ceramics** [sɪ'ræmɪks]
Mitbringsel — **souvenir** ['su:vənɪə]
regionale Produkte/Spezialitäten — **local products/specialities** ['ləʊkl prə'dʌktz/ ˌspeʃɪ'ælɪtɪz]
Schmuck — **jewellery** ['dʒu:əlrɪ]
Schnitzerei — **wood-carving** ['wʊdˌkɑ:vɪŋ]
Töpferwaren — **pottery** ['pɒtərɪ]

Tabakwaren

Ein Päckchen/Eine Stange ... mit/ohne Filter, bitte.	**A packet/carton of filter-tipped/plain ..., please.** [ə 'pækɪt/ 'kɑːtn‿əv 'fɪltəˌtɪpt/ 'pleɪn ... pliːz]
Zehn Zigarren/Zigarillos, bitte.	**Ten cigars/cigarillos, please.** ['ten sɪ'gɑːz/sɪgə'rɪləʊz pliːz]
Ein Päckchen/Eine Dose Zigaretten-/Pfeifentabak, bitte.	**A packet/tin of cigarette/pipe tobacco, please.** [ə 'pækɪt/ 'tɪn‿əv ˌsɪgə'ret/ 'paɪp tə'bækəʊ pliːz]
Eine Schachtel Streichhölzer/Ein Feuerzeug, bitte.	**A box of matches/A lighter, please.** [ə 'bɒks‿əv 'mætʃɪz/ə 'laɪtə, pliːz]

Zigarette	**cigarette** [ˌsɪgə'ret]
Zigarillo	**cigarillo** [ˌsɪgə'rɪləʊ]
Zigarre	**cigar** [sɪ'gɑː]

Uhren und Schmuck

Anhänger	**pendant** ['pendənt]
Armband	**bracelet** ['breɪslɪt]
Armbanduhr	**wristwatch** ['rɪstwɒtʃ]
Brosche	**brooch** [brəʊtʃ]
Diamant	**diamond** ['daɪəmənd]
Gold	**gold** [gəʊld]
Goldschmied	**goldsmith** [gəʊldsmɪθ]

Kette	**necklace** ['neklɪs]
Kristall	**crystal** ['krɪstl]
Modeschmuck	**fashion jewellery** ['fæʃən 'dʒu:əlrɪ]
Ohrringe	**earrings** ['ɪərɪŋz]
Platin	**platinum** ['plætɪnəm]
Perle	**pearl** [pɜ:l]
Ring	**ring** [rɪŋ]
Rubin	**ruby** ['ru:bɪ]
Schmuck	**jewellery** ['dʒu:əlrɪ]
Silber	**silver** ['sɪlvə]
Smaragd	**emerald** ['emərəld]
Türkis	**turquoise** ['tɜ:kwɔɪz]

GESUNDHEIT

Das Gesundheitssystem in Großbritannien hat zwar in den letzten Jahren eine Schlankheitskur durchmachen müssen, dennoch bleibt es flächendeckend und ist in einzelnen Bereichen weltführend. Sollten Sie einen Arzt oder ein Krankenhaus besuchen müssen, genügt ein einfacher Auslandskrankenschein *(medical insurance certificate)*, um die benötigten Leistungen ohne Vorkasse in Anspruch nehmen zu können. Sie werden dann wie ein Privatpatient behandelt, d.h. kürzere Wartezeiten, Einzelzimmer und vieles andere mehr.
Viele Medikamente, die in Deutschland apothekenpflichtig sind, wie z.B. Aspirin, Paracetamol, Hustensäfte usw., sind in Großbritannien frei erhältlich.

In der Apotheke

Wo ist die nächste Apotheke (mit Nachtdienst)?	**Where's the nearest chemist's (with all-night service)?** ['weəz ðə 'nɪərɪst 'kel mɪsts (wɪð 'ɔːl'naɪt 'sɜːvɪs)]
Geben Sie mir bitte etwas gegen ...	**Can you give me something for ...?** [kən jʊ gɪv mɪ 'sʌmθɪŋ fə]

➢ **auch Arztbesuch**

Abführmittel	**laxative** ['læksətɪv]
Antibabypillen	**contraceptive pills** [ˌkɒntrə'septɪv pɪlz]
Antibiotikum	**antibiotics** [ˌæntɪbaɪ'ɒtɪks]
Aspirin	**aspirin** ['æsprɪn]
Augentropfen	**eye drops** ['aɪ drɒps]
Beruhigungsmittel	**sedative, tranquilizer** ['sedətɪv, 'trænkwɪlaɪzə]
Brandsalbe	**ointment for burns** ['ɔɪntmənt fə 'bɜːnz]

Desinfektionsmittel	**disinfectant** [ˌdɪsɪn'fektənt]
Elastikbinde	**elastic bandage** [ɪ'læstɪk 'bændɪdʒ]
Fieberthermometer	**thermometer** [θə'mɒmɪtə]
Halstabletten	**throat lozenges** ['θrəʊt 'lɒzɪnʒɪz]
Hustensaft	**cough mixture** ['kɒf 'mɪkstʃə]
Insektenmittel	**insect repellent** ['ɪnsekt rɪ'pelənt]
Insulin	**insulin** ['ɪnsjʊlɪn]
Jod(tinktur)	**(tincture of) iodine** [('tɪŋktʃər‿əv) 'aɪədiːn]
Kamillentee	**camomile tea** ['kæməmaɪl 'tiː]
Kondom	**condom** ['kɒndəm]
Kopfschmerztabletten	**headache tablets** ['hedeɪk 'tæblɪts]
Kreislaufmittel	**cardiac stimulant** ['kɑːdɪæk 'stɪmjʊlənt]
Magentropfen	**stomach drops** ['stʌmək drɒps]
Medikament	**medicine** ['medsn]
Mittel	**remedy, medicine** ['remɪdɪ, 'medsn]
Mullbinde	**gauze bandage** ['gɔːz 'bændɪdʒ]
Ohrentropfen	**ear-drops** ['ɪədrɒps]
Pflaster	**plaster** ['plɑːstə]
Puder	**powder** ['paʊdə]
Rezept	**prescription** [prɪs'krɪpʃn]
Salbe	**ointment** ['ɔɪntmənt]
Schlaftabletten	**sleeping pills** ['sliːpɪŋ pɪlz]
Schmerztabletten	**pain-killing tablets** ['peɪnˌkɪlɪŋ 'tæblɪts]
Sonnenbrand	**sunburn** ['sʌnˌbɜːn]
Tablette	**tablet, pill** ['tæblɪt, pɪl]
Traubenzucker	**glucose** ['gluːkəʊs]
Tropfen	**drops** [drɒps]
Watte	**cotton-wool** [ˌkɒtn'wʊl]
Zäpfchen	**suppository** [sə'pɒzɪtərɪ]

Notice	Beipackzettel
Composition	Zusammensetzung
Areas of application	Anwendungsgebiete
Contraindications	Gegenanzeigen
Side-effects	Nebenwirkungen
Interactions	Wechselwirkungen
Dosage:	**Dosierungsanleitung:**
Take once/several times	1 x / mehrmals täglich ...
einnehmen	
per day	
1 tablet	1 Tablette
20 drops	20 Tropfen
1 measuring cup	1 Messbecher
external, outward	äußerlich
before meals	vor dem Essen
after meals	nach dem Essen
on an empty stomach	auf nüchternen Magen
Swallow whole with	unzerkaut mit etwas
Flüssigkeit	
a drink of water	einnehmen
Dissolve in a small amount	in etwas Wasser auflösen
of water	
Let it melt in your mouth	im Mund zergehen lassen
Apply thinly to the skin	dünn auf die Haut auftra-
gen	
and rub in	und einreiben
infants	Säuglinge
toddlers	Kleinkinder
schoolchildren	Schulkinder
young adults	Jugendliche
adults	Erwachsene

Arztbesuch

➢ **auch Gesundheit (Kap. Reisen mit Kindern)**

Können Sie mir einen guten ... empfehlen?	**Can you recommend a good ...?** [kən jʊ ˌrekə'mend‿ə gʊd]
Arzt	**doctor** ['dɒktə]
Augenarzt	**eye specialist** ['aɪ 'speʃəlɪst]
Frauenarzt	**gynaecologist** [ˌgaɪnɪ'kɒlədʒɪst]
Hals-Nasen-Ohren-Arzt	**ear, nose and throat specialist** ['ɪə 'nəʊz‿ən 'θrəʊt 'speʃəlɪst]
Hautarzt	**dermatologist** [ˌdɜːmə'tɒlədʒɪst]
Kinderarzt	**pediatrician** [ˌpiːdɪə'trɪʃn]
Praktischen Arzt	**GP (general practitioner)** ['dʒiː'piː ('dʒenrl præk'tɪʃnə)]
Urologen	**urologist** [jʊə'rɒlədʒɪst]
Zahnarzt	**dentist** ['dentɪst]
Wo ist seine/ihre Praxis?	**Where's his/her surgery?** ['weəz hɪz/hɜː 'sɜːdʒrɪ]

Beschwerden

Was für Beschwerden haben Sie?	**What's the trouble?** ['wɒts ðə 'trʌbl]
Ich habe Fieber.	**I've got a temperature.** [aɪv gɒt‿ə 'temprɪtʃə]
Mir ist oft schlecht/schwindelig.	**I often feel sick/faint.** [aɪ 'ɒfn fiːl 'sɪk/'feɪnt]
Ich bin ohnmächtig geworden.	**I fainted.** [aɪ 'feɪntɪd]

Ich bin stark erkältet.	**I've got a bad cold.** [aɪv gɒt‿ə 'bæd 'kəʊld]
Ich habe ...	**I've got ...** [aɪv gɒt]
Kopfschmerzen.	**a headache.** [ə 'hedeɪk]
Halsschmerzen.	**a sore throat.** [ə 'sɔː 'θrəʊt]
Husten.	**a cough.** [ə kɒf]
Ich bin gestochen/gebissen worden.	**I've been stung/bitten.** [aɪv bɪn 'stʌŋ/'bɪtn]
Ich habe mir den Magen verdorben.	**I've got an upset stomach.** [aɪv gɒt‿ən 'ʌpset 'stʌmək]
Ich habe Durchfall/ Verstopfung.	**I've got diarrhoea./I'm constipated.** [aɪv gɒt daɪə'rɪə /aɪm 'kɒnstɪpeɪtɪd]
Ich vertrage das Essen/die Hitze nicht.	**The food doesn't agree with me./ I can't stand the heat.** [ðə 'fuːd 'dʌznt ə'griː wɪð mɪ /aɪ 'kɑːnt 'stænd ðə 'hiːt]
Ich habe mich verletzt.	**I've hurt myself.** [aɪv 'hɜːt maɪˌself]
Ich bin gestürzt.	**I fell down.** [aɪ 'fel 'daʊn]
Können Sie mir bitte etwas gegen ... geben/verschreiben?	**Can you give me/prescribe something for ...?** [kən jʊ gɪv mɪ/prɪ'skraɪb 'sʌmθɪŋ fə]
Normalerweise nehme ich ...	**I usually take ...** [aɪ 'juːʒʊəlɪ teɪk]
Ich habe einen hohen/niedrigen Blutdruck.	**I've got high/low blood pressure.** [aɪv gɒt 'haɪ/ 'ləʊ 'blʌd ˌpreʃə]
Ich bin Diabetiker/in.	**I'm a diabetic.** [aɪm‿ə daɪə'betɪk]
Ich bin schwanger.	**I'm pregnant.** [aɪm 'pregnənt]
Ich hatte vor kurzem ...	**I had ... recently** [aɪ hæd '... 'riːsntlɪ]

Untersuchung

Wo tut es weh?	**Where does it hurt?** ['weə dʌz‿ɪt 'hɜːt]
Ich habe hier Schmerzen.	**I've got a pain here.** [aɪv gɒt‿ə 'peɪn 'hɪə]
Bitte, machen Sie sich frei.	**Get undressed, please.** [get ˌʌn'drest pliːz]
Bitte tief einatmen. Atem anhalten.	**Take a deep breath. Hold your breath, please.** [teɪk‿ə 'diːp 'breθ. 'həʊld jɔː 'breθ pliːz]
Sie müssen geröntgt werden.	**You'll have to be x-rayed.** [jʊl 'hæv tə biː 'eksreɪd]
Ich brauche eine Blut-/Urinprobe.	**I need to do a blood/urine test.** [aɪ 'niːd tə duː‿ə 'blʌd/'jʊərɪn test]
Sie müssen operiert werden.	**You'll have to have an operation.** [jʊl 'hæv tə hæv‿ən‿ɒpə'reɪʃn]
Sie brauchen ein paar Tage Bettruhe.	**You need a few days in bed.** [jʊ niːd‿ə 'fjuː 'deɪz‿ɪn 'bed]
Es ist nichts Ernstes.	**It's nothing serious.** [ɪts 'nʌθɪŋ 'sɪərɪəs]
Haben Sie einen Impfpass?	**Have you got a vaccination card?** [həv jʊ gɒt‿ə ˌvæksɪn'eɪʃn kɑːd]
Ich bin gegen ... geimpft.	**I've been vaccinated against ...** [aɪv bɪn 'væksɪneɪtɪd ə'genst]

Im Krankenhaus

Wie lange muss ich hier bleiben?	**How long will I have to stay here?** ['haʊ 'lɒŋ wɪl aɪ hæv tə 'steɪ hɪə]
Ich kann nicht einschlafen. Geben Sie mir bitte eine Schmerztablette/Schlaftablette.	**I can't sleep. Could you give me a pain-killing tablet/a sleeping-pill, please.** [aɪ 'kɑːnt 'sliːp. 'kʊd jʊ gɪv mɪ‿ə 'peɪnˌkɪlɪŋ 'tæblɪt/ə 'sliːpɪŋpɪl pliːz]
Wann darf ich aufstehen?	**When can I get up?** ['wen kən‿aɪ 'get‿'ʌp]

Krankheiten und Beschwerden

Abszess	**abscess** ['æbsɪs]
Aids	**AIDS** [eɪdz]
Allergie	**allergy** ['ælədʒɪ]
allergisch sein gegen ...	**be allergic to** [bɪ‿ə'lɜːdʒɪk tʊ]
Anfall	**attack, fit** [ə'tæk, fɪt]
Angina	**angina** [æn'dʒaɪnə]
ansteckend	**contagious** [kən'teɪdʒəs]
Appetitlosigkeit	**lack of appetite** ['læk‿əv‿'æpɪtaɪt]
Asthma	**asthma** ['æsmə]
Atembeschwerden	**difficulty in breathing** ['dɪfɪkəltɪ‿ɪn 'briːðɪŋ]
Ausschlag	**rash** [ræʃ]
Bänderriss	**torn ligament** ['tɔːn 'lɪgəmənt]
Blähungen	**wind** [wɪnd]
Blinddarmentzündung	**appendicitis** [əˌpendɪ'saɪtɪs]
Blutung	**bleeding** ['bliːdɪŋ]
Blutvergiftung	**blood-poisoning** ['blʌdˌpɔɪznɪŋ]
Brechreiz	**nausea** ['nɔːsjə]

Bronchitis	**bronchitis** [brɒŋ'kaɪtɪs]
Bruch	*(Leisten~)* **hernia** ['hɜːnjə]; *(Knochen~)* **fracture** ['fræktʃə]
Cholera	**cholera** ['kɒlərə]
Diabetes	**diabetes** [ˌdaɪə'biːtiːz]
Diphtherie	**diphtheria** [dɪp'θɪərɪə]
Durchfall	**diarrhoea** [ˌdaɪə'rɪə]
Entzündung	**inflammation** [ˌɪnflə'meɪʃn]
Erkältung	**cold** [kəʊld]
Fehlgeburt	**miscarriage** [ˌmɪs'kærɪdʒ]
Fieber	**fever, temperature** ['fiːvə, 'temprɪtʃə]
gebrochen	**broken** ['brəʊkn]
Gehirnerschütterung	**concussion** [kən'kʌʃn]
Gehirnschlag	**stroke** [strəʊk]
Gelbfieber	**yellow fever** ['jeləʊ 'fiːvə]
Gelbsucht	**jaundice** ['dʒɔːndɪs]
Geschlechtskrankheit	**venereal disease** [vɪ'nɪərɪəl dɪ'ziːz]
geschwollen	**swollen** ['swəʊlən]
Geschwulst	**growth, tumour** [grəʊθ, 'tjuːmə]
Geschwür	**ulcer** ['ʌlsə]
Grippe	**influenza, flu** [ˌɪnflʊ'enzə, fluː]
Halsschmerzen	**sore throat** ['sɔː 'θrəʊt]
Hämorriden	**piles, haemorrhoids** [paɪlz, 'hemərɔɪdz]
heiser sein	**hoarse** [hɔːs]
Herzanfall	**heart attack** ['hɑːt‿ə'tæk]
Herzbeschwerden	**heart trouble** ['hɑːt ˌtrʌbl]
Herzfehler	**heart defect** ['hɑːt dɪ'fekt]
Herzinfarkt	**heart attack, cardiac infarction** ['hɑːt‿ə'tæk, 'kɑːdɪæk‿ɪn'fɑːkʃn]
Heuschnupfen	**hay fever** ['heɪ ˌfiːvə]
Hexenschuss	**lumbago** [lʌm'beɪgəʊ]

Insektenbiss	**insect bite** ['ɪnsekt baɪt]
Infektion	**infection** [ɪn'fekʃn]
Ischias	**sciatica** [saɪ'ætɪkə]
jucken	**to itch** [ɪtʃ]
Keuchhusten	**whooping-cough** ['hu:pɪŋkɒf]
Kinderlähmung	**polio** ['pəʊlɪəʊ]
Knochenbruch	**fracture** ['fræktʃə]
Kolik	**colic** ['kɒlɪk]
Kopfschmerzen	**headache** ['hedeɪk]
Krampf	**cramp** [kræmp]
Krankheit	**illness** ['ɪlnɪs]
Krebs	**cancer** ['kænsə]
Kreislaufstörung	**circulatory disorder** [ˌsɜ:kjʊ'leɪtrɪ dɪs'ɔ:də]
Lähmung	**paralysis** [pə'rælɪsɪs]
Lebensmittelvergiftung	**food poisoning** ['fu:dˌpɔɪznɪŋ]
Leistenbruch	**hernia, rupture** ['hɜ:njə, 'rʌptʃə]
Lungenentzündung	**pneumonia** [nju:'məʊnjə]
Magenschmerzen	**stomach-ache** ['stʌməkˌeɪk]
Malaria	**malaria** [mə'lɛərɪə]
Mandelentzündung	**tonsilitis** [ˌtɒnsɪ'laɪtɪs]
Migräne	**migraine** ['mi:greɪn]
Mittelohrentzündung	**inflammation of the middle ear** [ˌɪnflə'meɪʃn‿əv ðə 'mɪdl‿'ɪə]
Nasenbluten	**nose bleed** ['nəʊz bli:d]
Nierenentzündung	**nephritis** [ne'fraɪtɪs]
Nierenstein	**kidney stone** ['kɪdnɪstəʊn]
niesen	**to sneeze** [sni:z]
Ohnmacht	**faint** ['feɪnt]
Pocken	**smallpox** ['smɔ:lpɒks]
Prellung	**bruise, contusion** [bru:z, kən'tju:ʒn]

Quetschung	**bruise, contusion** [bruːz, kənˈtjuːʒn]
Rheuma	**rheumatism** [ˈruːmətɪzm]
Rückenschmerzen	**backache** [ˈbækeɪk]
Schlaflosigkeit	**sleeplessness, insomnia** [ˈsliːplɪsnɪs,ɪnˈsɒmnɪə]
Schlaganfall	**stroke** [strəʊk]
Schmerzen	**pain** [peɪn]
Schnittwunde	**cut** [kʌt]
Schnupfen	**cold** [kəʊld]
Schüttelfrost	**fit of shivering** [ˈfɪt‿əv ˈʃɪvrɪŋ]
Schwellung	**swelling** [ˈswelɪŋ]
Schwindel	**dizziness** [ˈdɪzɪnɪs]
Seitenstechen	**stitch** [ˈstɪtʃ]
Sodbrennen	**heartburn** [ˈhɑːtbɜːn]
Sonnenbrand	**sunburn** [ˈsʌr̩bɜːn]
Sonnenstich	**sunstroke** [ˈsʌnstrəʊk]
Stirnhöhlenentzündung	**sinusitis** [ˌsaɪnəˈsaɪtɪs]
Tetanus	**tetanus** [ˈtetənəs]
Typhus	**typhoid** [ˈtaɪfɔɪd]
Übelkeit	**nausea** [ˈnɔːsjə]
Verbrennung	**burn** [bɜːn]
Verdauungsstörung	**indigestion** [ˌɪndɪˈdʒestʃn]
Vergiftung	**poisoning** [ˈpɔɪznɪŋ]
verletzen	**hurt, injure** [hɜːt, ˈɪndʒə]
Verletzung	**injury** [ˈɪndʒərɪ]
verstaucht	**sprained** [spreɪnd]
Verstopfung	**constipation** [ˌkɒnstɪˈpeɪʃn]
wehtun, schmerzlich	**hurt, painful** [hɜːt, ˈpeɪnfʊl]
Wunde	**wound** [wuːnd]
Zerrung	**pulled ligament/muscle** [ˈpʊld ˈlɪgəmənt/ˈmʌsl]

Körper – Arzt – Krankenhaus

Arm	**arm** [ɑːm]
atmen	**breathe** [briːð]
Attest	**certificate** [səˈtɪfɪkət]
Augen	**eyes** [aɪz]
Bauch	**stomach** [ˈstʌmək]
Bein	**leg** [leg]
Bescheinigung	**certificate** [səˈtɪfɪkət]
Besuchszeit	**visiting hours** [ˈvɪzɪtɪŋ ˌaʊəz]
bewusstlos	**unconscious** [ʌnˈkɒnʃəs]
Blase	**bladder** [ˈblædə]
Blinddarm	**appendix** [əˈpendɪks]
Blut	**blood** [blʌd]
Blutdruck (hoher/niedriger)	**blood pressure (high/low)** [ˈblʌd ˌpreʃə (ˈhaɪ/ ˈləʊ)]
bluten	**bleed** [bliːd]
Blutgruppe	**blood group** [ˈblʌd gruːp]
Bronchien	**bronchial tubes** [ˈbrɒŋkjəl ˈtjuːbz]
Brust	**chest**, *(weibliche ~)*, **breast** [tʃest/brest]
Bypass	**bypass (operation)** [ˈbaɪpɑːs‿(ɒpəˈreɪʃn)]
Chirurg/in	**surgeon** [ˈsɜːdʒn]
Darm	**intestines** [ɪnˈtestɪnz]
desinfizieren	**disinfect** [ˌdɪsɪnˈfekt]
Diagnose	**diagnosis** [ˌdaɪəgˈnəʊsɪs]
Diät	**diet** [ˈdaɪət]
Eiter	**pus** [pʌs]
erbrechen, sich	**vomit** [ˈvɒmɪt]
Facharzt/ärztin	**specialist** [ˈspeʃəlɪst]

Finger	**finger** ['fɪŋgə]
Fuß	**foot,** *(pl)* **feet** [fʊt, fi:t]
Gallenblase	**gall-bladder** ['gɔ:ˌblædə]
Gehirn	**brain** [breɪn]
Gehör	**hearing** ['hɪərɪŋ]
Gelenk	**joint** [dʒɔɪnt]
Geschlechtsorgane	**sexual organs** ['seksjʊəl‿'ɔ:gənz]
Hals	**neck;** *(Kehle)*, **throat** [nek, θrəʊt]
Hand	**hand** ['hænd]
Haut	**skin** [skɪn]
Herz	**heart** [hɑ:t]
Herzschrittmacher	**pacemaker** ['peɪsˌmeɪkə]
Herzspezialist/in	**heart specialist** ['hɑ:t ˌspeʃəlɪst]
Hüfte	**hip** [hɪp]
Husten	**cough** [kɒf]
Impfpass	**vaccination card** [ˌvæksɪ'neɪʃn ˌkɑ:d]
Impfung	**vaccination** [ˌvæksɪ'neɪʃn]
Infusion	**infusion** [ɪn'fju:zn]
Knie	**knee** [ni:]
Knöchel	**ankle** ['æŋkl]
Knochen	**bone** [bəʊn]
Kopf	**head** [hed]
krank	**ill, sick** [ɪl, sɪk]
Krankenhaus	**hospital** ['hɒspɪtl]
Krankenkasse	**medical insurance** ['medɪkl‿ɪn'ʃʊərns]
Krankenschein	**medical insurance card** ['medɪkl‿ɪn'ʃʊərns 'kɑ:d]
Krankenschwester	**nurse** [nɜ:s]
Leber	**liver** ['lɪvə]
Lippe	**lip** [lɪp]
Lunge	**lungs** [lʌŋz]

Magen	**stomach** ['stʌmək]
Mandeln	**tonsils** ['tɒnslz]
Menstruation	**menstruation** [ˌmenstrʊ'eɪʃn]
Mund	**mouth** [maʊθ]
Muskel	**muscle** ['mʌsl]
nähen	**stitch up** ['stɪtʃ‿'ʌp]
Narbe	**scar** [skɑː]
Narkose	**anaesthetic** [ˌænɪs'θetɪk]
Nase	**nose** [nəʊz]
Nerv	**nerve** [nɜːv]
nervös	**nervous** ['nɜːvəs]
Niere	**kidney** ['kɪdnɪ]
Ohr	**ear** [ɪə]
Operation	**operation** [ˌɒpə'reɪʃn]
Prothese	**artifical limb** [ˌɑːtɪ'fɪʃl 'lɪm]
Puls	**pulse** [pʌls]
Rippe	**rib** [rɪb]
röntgen	**X-ray** [ˌeks'reɪ]
Röntgenaufnahme	**X-ray** [ˌeks'reɪ]
Rücken	**back** [bæk]
Rückgrat	**spine** [spaɪn]
Schiene	**splint** [splɪnt]
Schienbein	**shin** [ʃɪn]
Schlüsselbein	**collarbone** ['kɒləbəʊn]
Schulter	**shoulder** ['ʃəʊldə]
Schwangerschaft	**pregnancy** ['pregnənsɪ]
schwitzen	**sweat, perspire** [swet, pəs'paɪə]
Speiseröhre	**gullet** ['gʌlɪt]
Sprechstunde	**surgery** ['sɜːdʒərɪ]
Spritze	**injection** [ɪn'dʒekʃn]
Station	**ward** [wɔːd]

Stich	**sting** [stɪŋ]
Stuhlgang	**bowel movement** ['baʊəl ˌmu:vmənt]
Trommelfell	**eardrum** ['ɪədrʌm]
Ultraschalluntersuchung	**scan** [skæn]
Unterleib	**abdomen** ['æbdəmən]
Untersuchung	**examination** [ɪgˌzæmɪ'neɪʃn]
Urin	**urine** ['jʊərɪn]
Verband	**dressing, bandage** ['dresɪŋ, 'bændɪdʒ]
verbinden	**dress** [dres]
Verdauung	**digestion** [dɪ'dʒestʃn]
verschreiben	**prescribe** [prɪs'kraɪb]
Virus	**virus** ['vaɪərəs]
Wartezimmer	**waiting room** ['weɪtɪŋrʊm]
Wirbelsäule	**spine** [spaɪn]
Zehe	**toe** [təʊ]
Zunge	**tongue** [tʌŋ]

Beim Zahnarzt

Ich habe (starke) Zahnschmerzen.	**I've got (terrible) toothache.** [aɪv gɒt ('terəbl) 'tu:θeɪk]
Dieser Zahn (oben/unten/vorn/hinten) tut weh.	**This tooth (at the top/bottom/front/back) hurts.** ['ðɪs ˌtu:θ (ət ðə 'tɒp/'bɒtəm/'frʌnt/'bæk) 'hɜ:ts]
Ich habe eine Füllung verloren.	**I've lost a filling.** [aɪv lɒst‿ə 'fɪlɪŋ]
Mir ist ein Zahn abgebrochen.	**I've broken a tooth.** [aɪv 'brəʊkən‿ə 'tu:θ]

Ich behandle ihn nur provisorisch.	**I'll only do a temporary job.** [aɪl‿'əʊnlɪ dʊ‿ə 'temprərɪ dʒɒb]
Geben Sie mir bitte eine/keine Spritze.	**I'd like an injection, please./I don't want an injection.** [aɪd laɪk‿ən‿ɪn'dʒekʃn pli:z/aɪ 'dəʊnt wɒnt‿ən‿ɪn'dʒekʃn]

Kiefer	**jaw** [dʒɔ:]
Krone	**crown** [kraʊn]
Loch	**cavity** ['kævɪtɪ]
Plombe	**filling** ['fɪlɪŋ]
Weisheitszahn	**wisdom tooth** ['wɪzdəm tu:θ]
Zahn	**tooth,** *(pl)* **teeth** [tu:θ, ti:θ]
Zahnfäule (Karies)	**tooth decay** [tu:θ dɪ'keɪ]
Zahnfleisch	**gums** [gʌmz]
Zahnprothese	**dentures** ['dentʃəz]
Zahnschmerzen	**toothache** ['tu:θeɪk]
Zahnspange	**brace** [breɪs]
Zahnstein	**tartar** ['tɑ:'tɑ:]
ziehen	**take out, extract** [teɪk‿'aʊt, ɪks'trækt]

Bei fast jeder Bank finden Sie Geldautomaten *(automated teller machines)*. Allerdings hat jede Bank eine andere Produktbezeichnung für ihr *hole in the wall,* wie der Volksmund sie bezeichnet, z. B. *Cashpoint, Cashline, AutoBank* usw.

Bank

Wo ist hier bitte eine Bank/eine Wechselstube?	**Where's the nearest bank/bureau de change?** ['wɛəz ðə 'nɪərɪst 'bæŋk/'bjʊərəʊ də 'ʃɔ̃:nʒ]
Ich möchte ... Euro (Schweizer Franken) in £ ($) wechseln.	**I'd like to change ... Euros (Swiss francs) into pounds (dollars).** [aɪd laɪk tə tʃeɪnʒ ... 'jʊərəʊs ('swɪs 'fræŋks) 'ɪntə 'paʊndz ('dɒləz)]
Ich möchte ... einlösen. diesen Reisescheck	**I'd like to change ...** [aɪd laɪk tə tʃeɪnʒ] **this traveller's-cheque.** [ðɪs 'trævləz 'tʃek]
Auf welchen Betrag kann ich ihn maximal ausstellen?	**What's the maximum I can cash on one cheque?** ['wɒts ðə 'mæksɪməm‿aɪ kən ˌkæʃ‿ɒn 'wʌn 'tʃek]
Ihre Scheckkarte, bitte.	**Can I see your cheque card, please?** [kən‿aɪ si: jɔ: 'tʃekkɑ:d pli:z]
Darf ich bitte ... sehen?	**May I see ..., please?** [meɪ‿aɪ si: ... pli:z]

Ihren Ausweis	**your identity card** [jɔː aɪ'dentɪtɪkɑːd]
Ihren Pass	**your passport** [jɔː 'pɑːspɔːt]
Würden Sie bitte hier unterschreiben?	**Sign here, please.** [saɪn 'hɪə pliːz]

abheben	**withdraw** [wɪθ'drɔː]
auszahlen	**pay out** [ˌpeɪ‿'aʊt]
Bank	**bank** [bæŋk]
bar, Bargeld	**cash** [kæʃ]
Bearbeitungsgebühr	**service charge** ['sɜːvɪs 'tʃɑːdʒ]
Betrag	**amount** [ə'maʊnt]
Chipkarte	**chip card** [tʃɪp kɑːd]
Devisen	**foreign currency** ['fɒrən 'kʌrənsɪ]
Euro	**Euro** [jʊərəʊ]
Formular	**form** [fɔːm]
Geheimzahl	**Personal Identification Number (PIN)** ['pɜːsnl aɪ'dentɪfɪ'keɪʃən ˌnʌmbə]
Geld	**money** ['mʌnɪ]
Geldautomat	**automated teller machine, cashpoint** ['ɔːtəmeɪtɪd 'telə mə'ʃiːn, ˌkæʃ pɔɪnt]
Geldanweisung	**transfer** ['trænsfɜː]
Girokonto	**current account** ['kʌrənt ə'kaʊnt]
Geldschein	**banknote** ['bæŋknəʊt]
Geldwechsel	**exchange** [ɪks'tʃeɪnʒ]
Kleingeld	**change** [tʃeɪnʒ]
Konto	**account** [ə'kaʊnt]
Kreditkarte	**credit card** ['kredɪt kɑːd]

überzogen *(Konto)*	**overdrawn** [əʊvədrɔːn]
Münze	**coin** [kɔɪn]
Quittung	**receipt** [rɪ'siːt]
Reisescheck	**traveller's cheque** ['trævləz 'tʃek]
Scheck	**cheque** (*Am* **check**) [tʃek]
Scheckkarte	**cheque card** ['tʃekkɑːd]
Schweizer Franken	**Swiss franc(s)** ['swɪs 'fræŋk(s)]
Überweisung	**transfer, remittance** ['trænsfɜː, rɪ'mɪtəns]
telegrafische Überweisung	**telegraphic transfer** [ˌtelɪ'græfɪk 'trænsfɜː]
umtauschen	**change** [tʃeɪnʒ]
Unterschrift	**signature** ['sɪgnɪtʃə]
Währung	**currency** ['kʌrənsɪ]
Wechselkurs	**exchange rate** [ɪks'tʃeɪnʒ ˌreɪt]
Wechselstube	**bureau de change** ['bjʊərəʊ də 'ʃɔ̃ːnʒ]
Zahlung	**payment** ['peɪmənt]

Filmen und Fotografieren

➢ **auch Fotoartikel (Kap. Einkaufen)**

Wären Sie wohl so freundlich, ein Foto von uns zu machen?
Would you mind taking a photo of us?
[wʊd jʊ maɪnd teɪkɪŋ ə ˌfəʊtəʊ əv ʌs]

Sie müssen auf diesen Knopf drücken.
You only have to press this button.
[jʊ 'əʊnlɪ hæf‿tə pres θɪs 'bʌtn]

Die Entfernung / Blende stellt man so ein.	**You set the distance/aperture like this.** [jʊ set ðə dɪstəns/'æpətʃjʊə kaɪk θɪs]
Dürfte ich Sie wohl fotografieren?	**May I take a photo of you?** ['meɪ‿aɪ teɪk ə ˌfəʊtəʊ əv jʊ]
Das ist sehr freundlich.	**That's very kind of you.** [ðæts 'verɪ 'kaɪnd‿əv jʊ]

Foto	**photo(graph)** ['fəʊtəʊ (grɑːf]
Fotoapparat	**camera** ['kæmrə]
fotografieren	**to take a photo** ['teɪk ə 'fəʊtəʊ]
Schnappschuss	**snapshot**

Fundbüro > auch Polizei

Wo ist das Fundbüro, bitte?	**Where's the lost-property office, please?** ['weəz ðə ˌlɒst'prɒpətɪ‿ˌɒfɪs pliːz]
Ich habe ... verloren.	**I've lost ...** [aɪv 'lɒst]
Ich habe meine Handtasche im Zug vergessen.	**I left my handbag on the train.** [aɪ left maɪ 'hænbæg ɒn ðə 'treɪn]
Benachrichtigen Sie mich bitte, wenn sie abgegeben werden sollte.	**Please let me know if it's handed in.** ['pliːz let mɪ 'nəʊ‿ɪf ɪts ˌhændɪd‿'ɪn]
Hier ist meine Hotelanschrift/ Heimatadresse.	**Here's the address of my hotel/my home address.** ['hɪəz ðɪ‿ə'dres‿əv maɪ həʊ'tel/maɪ 'həʊm‿ə'dres]

Polizei

Die britische Polizei hat einen sehr guten internationalen Ruf. Der typische Streifenpolizist ist hilfsbereit und höflich. Einen Polizisten oder eine Polizistin redet man mit *officer* an, z.B. *"Excuse me, officer. I'm looking for ..."*

Wo ist bitte das nächste Polizeirevier?	**Where's the nearest police station, please?** ['weəz ðə 'nɪərɪst pə'li:s ˌsteɪʃn pli:z]
Ich möchte ... anzeigen.	**I'd like to report ...** [aɪd laɪk tə rɪ'pɔ:t‿]
einen Diebstahl	**a theft.** [ə θeft]
einen Überfall	**a robbery.** [ə 'rɒbərɪ]
Mir ist ... gestohlen worden.	**My ... has been stolen.** [maɪ ... həz bɪn 'stəʊlən]
die Handtasche	**handbag** ['hænbæg]
die Brieftasche	**wallet** ['wɒlɪt]
mein Fotoapparat	**camera** ['kæmrə]
mein Auto/mein Fahrrad	**car/bike** ['kɑ:/ 'baɪk]
Mein Auto ist aufgebrochen worden.	**My car has been broken into.** [maɪ 'kɑ: həz bɪn 'brəʊkn‿'ɪntʊ]
Aus meinem Auto ist ... gestohlen worden.	**... has been stolen from my car.** [... həz bɪn 'stəʊlən frəm maɪ 'kɑ:]
Ich habe ... verloren.	**I've lost ...** [aɪv 'lɒst]
Mein Sohn/Meine Tochter ist verschwunden.	**My son/daughter is missing.** [maɪ 'sʌn/ 'dɔ:tə ɪz 'mɪsɪŋ]
Dieser Mann belästigt mich.	**This man is pestering me.** [θɪs mæn ɪz 'pestərɪŋ mɪ]

Können Sie mir bitte helfen?	**Can you help me, please?** ['kən jʊ 'help mɪ pliːz]
Ihren Namen und Ihre Anschrift, bitte.	**Your name and address, please.** [jɔː 'neɪm‿ən‿ə'dres pliːz]
Wenden Sie sich bitte an das deutsche/österreichische/Schweizer Konsulat.	**Please get in touch with the German/Austrian/Swiss consulate.** [pliːz get‿ɪn tʌtʃ wɪð ðə 'dʒɜːmən/ ðɪ‿'ɒstrɪən/ðə 'swɪs 'kɒnsjʊlət]

anzeigen	**report** [rɪ'pɔːt]
aufbrechen	**break into/open** [breɪk‿'ɪntʊ/ 'əʊpn]
Autoradio	**car radio** ['kɑː 'reɪdɪəʊ]
belästigen	**harass** ['hærəs]
beschlagnahmen	**confiscate** ['kɒnfɪskeɪt]
Brieftasche	**wallet** ['wɒlɪt]
Dieb	**thief** [θiːf]
Diebstahl	**theft** [θeft]
Gefängnis	**prison** ['prɪzn]
Geldbörse	**purse** [pɜːs]
Gericht	**court** [kɔːt]
Kfz-Schein	**car registration documents** ['kɑː ˌredʒɪs'treɪʃn 'dɒkjʊmənts]
Kreditkarte	**credit card** ['kredɪtkɑːd]
Papiere	**papers, documents** ['peɪpəz, 'dɒkjʊmənts]
Personalausweis	**identity card** [aɪ'dentɪtɪ kɑːd]
Polizei	**police** [pə'liːs]
Polizeiwagen	**police car** [pə'liːs kɑː]
Polizist/in	**policeman/policewoman** [pə'liːsmən/pə'liːsˌwʊmən]
Rauschgift	**drugs** [drʌgz]

Rechtsanwalt/anwältin	**lawyer** ['lɔːjə]
Reisepass	**passport** ['pɑːspɔːt]
Richter/in	**judge** [dʒʌdʒ]
Scheck	**cheque** (*Am* **check**) [tʃek]
Scheckkarte	**cheque card** ['tʃekkɑːd]
Schlüssel	**key** [kiː]
Schmuggel	**smuggle** ['smʌgl]
Schuld	**guilt** [gɪlt]
sexuelle Belästigung	**sexual harassment** ['seksjʊəl 'hærəsmnt]
Taschendieb	**pickpocket** ['pɪkˌpɒkɪt]
Überfall	**attack, mugging** [ə'tæk, 'mʌgɪŋ]
Untersuchungshaft	**police custody** [pə'liːs 'kʌstədɪ]
Verbrechen	**crime** [kraɪm]
Vergewaltigung	**rape** [reɪp]
verhaften	**arrest** [ə'rest]
verlieren	**lose** [luːz]
Zeuge	**witness** ['wɪtnɪs]
zusammenschlagen	**beat up** ['biːt‿'ʌp]

Post

Die Post *(Post Office/Royal Mail)* ist zwar schon seit langem vom (privaten) Telekomunternehmen *(British Telecom – BT)* getrennt, verkauft aber Telefonkarten *(telephone cards)*. Diese benötigt man beim Telefonieren von einer öffentlichen Telefonzelle aus. Die meisten Münztelefone *(coin-operated call boxes)* sind aus Sicherheitsgründen abgeschafft worden.

Wo ist ...	**Where's ...** ['weəz]
das nächste Postamt?	**the nearest post office?** 'nɪərɪst 'pəʊstˌɒfɪs]
der nächste Briefkasten?	**the nearest postbox?** [ðə 'nɪərɪst 'pəʊst bɒks]
Was kostet ein Brief/eine Postkarte ...	**How much is a letter/postcard ...** ['haʊ 'mʌtʃ dʌz‿ə 'letə/ 'pəʊstkɑːd]
nach Deutschland?	**to Germany?** [tə 'dʒɜːmənɪ]
nach Österreich?	**to Austria?** [tʊ‿'ɒstrɪə]
in die Schweiz?	**to Switzerland?** [tə 'swɪtsələnd]
Drei Briefmarken zu ... Pence, bitte.	**Three ... p stamps, please.** ['θriː ... piː 'stæmps pliːz]
Diesen Brief bitte per ...	**I'd like to send this letter ...** [aɪd laɪk tə send ðɪs 'letə]
Luftpost.	**by airmail.** [baɪ‿'eəmeɪl]
Express.	**express.** [ɪks'pres]
Haben Sie Sondermarken?	**Do you have special issue stamps?** [du jʊ 'hæv speʃəl‿'ɪsjuː stæmps]
Ich möchte ... Euro von meinem Postsparbuch abheben.	**I'd like to withdraw ... Euros from my post office savings book.** [aɪd laɪk tə wɪθ'drɔː jʊərəʊz frəm maɪ 'pəʊst ˌɒfɪs 'seɪvɪŋz bʊk]

➢ **auch Wortliste Bank**

Absender	**sender** ['sendə]
Adresse	**address** [ə'dres]
ausfüllen	**fill in** [fɪl‿'ɪn]
Brief	**letter** ['letə]
Briefkasten	**post-box** ['pəʊstbɒks]
Briefmarke	**stamp** [stæmp]

Briefmarkenautomat	**stamp machine** ['stæmp mə'ʃi:n]
Eilbrief	**express letter** [ɪks'pres 'letə]
Einschreibebrief	**registered letter** ['redʒɪstəd 'letə]
Empfänger	**addressee** [ˌædre'si:]
Formular	**form** [fɔ:m]
Gebühr	**charge, fee** [tʃɑ:dʒ, fi:]
Gewicht	**weight** [weɪt]
Hauptpostamt	**main post office** ['meɪn 'pəʊstˌɒfɪs]
Leerung	**collection** [kə'lekʃn]
Luftpost, mit	**by airmail** [baɪ‿'eəmeɪl]
nachsenden	**send on** ['send‿'ɒn]
Päckchen	**small packet** ['smɔ:l ˌpækɪt]
Paket	**parcel** ['pɑ:sl]
Paketkarte	**dispatch form** [dɪ'spætʃ fɔ:m]
Porto	**postage** ['pəʊstɪdʒ]
Postamt	**post office** ['pəʊstˌɒfɪs]
Postanweisung	**money order** ['mʌnɪ ˌɔ:də]
Postkarte	**postcard** ['pəʊskɑ:d]
postlagernd	**poste restante** ['pəʊst rɪ'stænt]
Postleitzahl	**post code (*Am* zip code)** ['pəʊskəʊd, 'zɪpkəʊd]
Postsparbuch	**post office savings book** ['pəʊst ˌɒfɪs 'seɪvɪŋz bʊk]
Sondermarke	**special issue stamp** ['speʃl‿'ɪsju: stæmp]
Telefax	**fax** [fæks]
Telegramm	**telegram** ['telɪgræm]
Telex	**telex** ['teleks]
Vordruck	**form** [fɔ:m]
Wertangabe	**declaration of value** [ˌdeklə'reɪʃn‿əv 'vælju:]
Zollerklärung	**customs declaration** ['kʌstəmz ˌdeklə'reɪʃn]

Telefonieren

Wo ist die nächste Telefonzelle?	**Where's the nearest phone box?** ['weəz ðə 'nɪərɪst 'fəʊnbɒks]
Ich möchte eine Telefonkarte.	**I'd like a phonecard.** [aɪd laɪk ə 'fəʊnkɑːd]
Wie ist die Vorwahl von ...?	**What's the national code for ...?** ['wɒts ðə 'næʃnl 'kəʊd fə]
Bitte ein Ferngespräch nach ...	**I'd like to make a call to ...** [aɪd laɪk tə meɪk ə 'kɔːl tʊ]
Ich möchte ein R-Gespräch anmelden.	**I'd like to make a reverse charge call (*Am* collect call).** [aɪd laɪk tə meɪk‿ə rɪ'vɜːs 'tʃɑːdʒ 'kɔːl (kə'lekt 'kɔːl]
Gehen Sie in Kabine Nr. ...	**Booth number ...** ['buːð 'nʌmbə]

Ein Telefongespräch

Hier spricht ...	**This is ... speaking.** ['ðɪs‿ɪz ... 'spiːkɪŋ]
Hallo, mit wem spreche ich?	**Hello, who's speaking?** [ˌhə'ləʊ 'huːz 'spiːkɪŋ]
Kann ich bitte Herrn/Frau/Fräulein ... sprechen?	**Can I speak to Mr/Mrs/Miss ..., please?** [kən‿aɪ 'spiːk tə 'mɪstə/ 'mɪsɪz/ 'mɪs ... pliːz]
Tut mir Leid, er/sie ist nicht da.	**I'm sorry, he's/she's not here.** [aɪm 'sɒrɪ hiːz/ʃiːz 'nɒt 'hɪə]

Möchten Sie eine Nachricht hinterlassen?	**Would you like to leave a message?** [wʊd‿jʊ 'laɪk tə 'liːv‿ə 'mesɪdʒ]
Würden Sie ihm/ihr bitte sagen, ich hätte angerufen?	**Would you tell him/her that I called?** [wʊd‿jʊ 'tel hɪm/hɜː ðət‿aɪ 'kɔːld]

Anruf	**(phone) call** [('fəʊn)kɔːl]
Anrufbeantworter	**telephone answering machine** ['telɪfəʊn‿'ɑːnsərɪŋ mə'ʃiːn]
anrufen	**phone, call, ring up** [fəʊn, kɔːl, 'rɪŋ‿'ʌp]
Auskunft	**directory enquiries** [dɪ'rektrɪ‿ɪn'kwaɪərɪz]
Auslandsgespräch	**international call** [ˌɪntə'næʃənl kɔːl]
besetzt	**engaged** [ɪn'geɪdʒd]
Ferngespräch	**long-distance call** [ˌlɒŋ 'dɪstəns kɔːl]
Gebühr	**charge** [tʃɑːdʒ]
Gespräch	**call** [kɔːl]
Handy	**mobile (phone)** ['məʊbaɪl ('fəʊn)]
Hörer	**receiver** [rɪ'siːvə]
Mobiltelefon	**mobile (phone)** ['məʊbaɪl ('fəʊn)]
Münzfernsprecher	**payphone** ['peɪfəʊn]
Ortsgespräch	**local call** ['ləʊkl kɔːl]
R-Gespräch	**reverse charge call** [rɪ'vɜːs 'tʃɑːdʒ 'kɔːl]
Telefon	**telephone** ['telɪfəʊn]
Telefonbuch	**telephone directory** ['telɪfəʊn dɪ'rektrɪ]
Telefonkarte	**phonecard** ['fəʊnkɑːd]
Telefonnummer	**phone number** ['fəʊn ˌnʌmbə]
Telefonzelle	**phone box** ['fəʊnbɒks]
Verbindung	**line** [laɪn]
Vorwahlnummer	**national code** (*Am* **area code**) ['næʃnl 'kəʊd, 'eərɪə 'kəʊd]
wählen	**dial** ['daɪl]

Toilette und Bad

Wo ist bitte die Toilette?	**Where is the toilet, please?** [weə ɪz ðə 'tɔɪlɪt pli:z]
Dürfte ich wohl bei Ihnen die Toilette benutzen?	**May I use your toilet?** ['meɪ‿aɪ ju:z jɔ: 'tɔɪlɪt]
Würden Sie mir bitte den Schlüssel für die Toiletten geben?	**Would you give me the key for the toilet, please?** ['wʊd jʊ gɪv mi: ðə ki: fə‿ðə 'tɔɪlɪt pli:z]

Damen	**Ladies** (*Am* **Women**) ['leɪdɪz]
Damenbinden	**sanitary towels** ['sænɪtrɪ 'taʊəlz]
Handtuch	**towel** ['taʊəl]
Handwaschbecken	**washbasin** ['wɒʃˌbeɪsn]
Herren	**Gentlemen** (*Am* **Men**) [dʒentlmen]
sauber	**clean** ['kli:n]
schmutzig	**dirty** ['dɜ:tɪ]
Seife	**soap** [səʊp]
Kabine	**cubicle** ['kju:bɪkəl]
Toilettenpapier	**toilet-paper** ['tɔɪlɪtˌpeɪpə]
die Toilette spülen	**flush the toilet** [flʌʃ ðə 'tɔɪlɪt]

Wörterbuch Deutsch – Englisch

Das themenbezogene Vokabular finden Sie in den Wortlisten der Kapitel.

A

ab from [frɒm]
Abend evening ['i:vnɪŋ], night [naɪt]
aber but [bʌt]
abfahren (von) to start (from) [stɑ:t (frɒm)], to leave [li:v]
Abfall rubbish ['rʌbɪʃ]
abgeben to hand in ['hænd 'ɪn], to leave [li:v]
abholen to call for ['kɔ:l fɔ:]; ~ **lassen** to send for ['send fɔ:]
Abkürzung abbreviation [əˌbri:vɪ'eɪʃn]; *(Weg)* short-cut ['ʃɔ:tkʌt]
ablehnen to decline [dɪ'klaɪn], to refuse [rɪ'fju:z]
abreisen (nach) to leave (for) ['li:v fɔ:]
abschließen to lock [lɒk]
abwärts down [daʊn]
Achtung attention [ə'tenʃn]; *(Vorsicht!)* look out! ['lʊk'aʊt]
Adresse address [ə'dres]
Agentur agency ['eɪdʒənsɪ]
ähnlich similar ['sɪmɪlə]
akklimatisieren, s. ~ to become acclimatised [bɪ'kʌm‿ə'klaɪmətaɪzd]
alle all [ɔ:l]
allein alone [ə'ləʊn]
alles everything ['evrɪθɪŋ]
als *(zeitlich)* when [wen]; *(Vergleich)* than [ðæn]
also so [səʊ], thus [ðʌs]
alt old [əʊld]
Alter age [eɪdʒ]
Amerika America [ə'merɪkə]
Amerikaner/in American [ə'merɪkn]
Amt *(Dienststelle)* office ['ɒfɪs], department [dɪ'pɑ:tmənt]
amüsieren, s. ~ to have a good time ['hæv ə 'gʊd 'taɪm]
an on [ɒn]; ~ **der Themse** on the Thames [temz]
andere, der/die/das ~ the other ['ʌðə]
anders different(ly) ['dɪfrənt(lɪ)]

anderswo elsewhere ['els'wεə]
Anfang beginning [bɪ'gɪnɪŋ]
anfangen to begin [bɪ'gɪn]
Angabe statement ['steɪtmənt]; **~n machen** to make [meɪk] a statement; **nähere ~n** particulars [pə'tɪkjʊləz]
angenehm agreeable [ə'grɪəbl], pleasant ['pleznt]
Angst fear [fɪə]
anhalten to stop [stɒp]
Anlage *(Park~)* park [pɑ:k]; *(Brief)* enclosure [ɪn'kləʊʃə]
anmelden to announce [ə'naʊns]; **s. ~** to register ['redʒɪstə]
ansehen to look at ['lʊk‿ət]
anstatt instead of [ɪn'sted‿əv]
anstrengend strenuous ['strenjʊəs]
antworten to answer ['ɑ:nsə], to reply [rɪ'plaɪ]
anziehen to put on ['pʊt 'ɒn]; **s. ~** to dress [dres]
anzünden to light [laɪt]
Apparat gadget ['gædʒɪt]; *(Foto~)* camera ['kæmərə]; *(Fernseh~)* set [set]
Appetit appetite ['æpɪtaɪt]
Arbeit work [wɜ:k]; *(Anstellung)* job [dʒɒb]
arbeiten to work [wɜ:k]
arbeitslos unemployed [‚ʌnɪm'plɔɪd]
ärgern, s. ~ (über) to be angry ['æŋgrɪ] (about/at)
arm poor [pʊə]
Ärmelkanal the English Channel ['ɪŋglɪʃ 'tʃænl]
Art kind [kaɪnd], sort [sɔ:t]
Atlantik Atlantic [ət'læntɪk]
auch also ['ɔ:lsəʊ]; *(nachgestellt)* too [tu:]; **~ nicht** nor [nɔ:], neither ['naɪðə]
auf on [ɒn]; **~ Englisch** in English ['ɪŋglɪʃ]; *(offen)* open ['əʊpən]
aufbewahren to keep [ki:p]
Aufenthalt stay [steɪ]; *(Zug)* stop [stɒp]
auffordern to ask [ɑ:sk], to invite [ɪn'vaɪt]
aufhalten, s. ~ to stop [stɒp], to stay [steɪ]
aufhören to stop [stɒp]
aufpassen (auf) to take care of [teɪk 'keər‿əv], to look after [lʊk 'ɑ:ftə]
aufschreiben to write down ['raɪt 'daʊn]
aufstehen to get up ['get 'ʌp]
aufwachen to wake up ['weɪk 'ʌp]
aufwärts up [ʌp]
Augenblick moment ['məʊmənt]

aus *(Herkunft)* from [frɒm]; *(Material)* of [ɒv]; *(Grund)* for [fɔː]
Ausbildung training ['treɪnɪŋ]; *(Schul~)* education [ˌedjʊ'keɪʃn]
Ausdruck expression [ɪks'preʃn]
ausdrücklich explicit(ly) [ɪks'plɪsɪt(lɪ)]
Ausgang exit ['egzɪt], way out ['weɪ 'aʊt]
ausgeben to spend [spend]
ausgehen to go out ['gəʊ 'aʊt]
ausgezeichnet excellent ['eksələnt]
Auskunft information [ɪnfə'meɪʃn]
Ausland foreign countries ['fɒrən 'kʌntrɪz]; **im/ins~** abroad [ə'brɔːd]
Ausländer/in foreigner ['fɒrənə]
ausländisch foreign ['fɒrən]
ausmachen *(Licht usw.)* to turn off ['tɜːn 'ɒf], *(Feuer usw.)* to put out ['pʊt 'aʊt]; *(vereinbaren)* to agree [ə'griː]
ausruhen, s. ~ to rest [rest]
außen outside [ˌaʊt'saɪd]; **von ~** from the outside
außer except [ɪk'sept]
außerdem besides [bɪ'saɪdz]
außergewöhnlich extraordinary [ɪks'trɔːdnrɪ]
außerhalb outside [ˌaʊt'saɪd]
Aussicht view [vjuː]
aussprechen to pronounce [prə'naʊns]
aussuchen to pick out ['pɪk 'aʊt]
austauschen to exchange [ɪks'tʃeɪndʒ]
Ausverkauf (clearance) sale [('klɪərəns) seɪl]
Auswahl choice [tʃɔɪs]
Auto car [kɑː]; **~ fahren** to drive a car [draɪv]
Automat *(Waren~)* vending machine ['vendɪŋ mə'ʃiːn]
automatisch automatic [ˌɔːtə'mætɪk]

B

Baby baby ['beɪbɪ]
Badeort seaside resort ['siːsaɪd rɪ'zɔːt]
bald soon [suːn]; **so ~ wie möglich** as soon as possible ['pɒsəbl]
Ball ball [bɔːl]; *(Fest)* ball, dance [dɑːns]
Bank bank [bæŋk]; *(Sitz~)* bench [bentʃ]
bar zahlen to pay (in) cash [peɪ(ɪn) ˌkæʃ]
Bauernhof farm [fɑːm]
Baum tree [triː]
beabsichtigen to intend to [ɪn'tend tuː]

beachten to pay attention to [peɪ‿ə'tenʃn tu:]
Beanstandung complaint [kəm'pleɪnt]
beantworten to reply [rɪ'plaɪ], to answer ['ɑ:nsə]
bedauern to regret [rɪ'gret]
Bedeutung *(Sinn)* meaning ['mi:nɪŋ]
Bedienung service ['sɜ:vɪs]
Bedingung condition [kən'dɪʃn]
beeilen, s. ~ to hurry ['hʌrɪ]
beenden to finish ['fɪnɪʃ]
befinden, s. ~ to be [bi:]; *(sich fühlen)* to feel [fi:l]
befreundet sein to be friends [frendz]
befürchten to fear [fɪə], to be afraid (of) [ə'freɪd]
begegnen to meet [mi:t]
begeistert (von) enthusiastic (about) [ɪn̩θju:zɪ'æstɪk (ə'baʊt)]
begleiten to accompany [ə'kʌmpənɪ]
begrüßen to greet [gri:t], to welcome ['welkəm]
behalten to keep [ki:p]
Behälter container [kən'teɪnə]
behandeln to treat [tri:t]
behaupten to maintain [meɪn'teɪn]; *(bestimmt)* to insist [ɪn'sɪst]
Behörde authorities [ɔ:'θɒrɪtɪz]
bei *(örtlich)* near [nɪə]
beide both [bəʊθ]
Beifall applause [ə'plɔ:z]
Beispiel example [ɪg'zɑ:mpl]; **zum ~** for example [fr‿ɪg'zɑ:mpl]
beißen to bite [baɪt]
bekannt well-known ['wel'nəʊn]; **~ machen** to introduce [ˌɪntrə'dju:s]
Bekannte, der, die acquaintance [ə'kweɪntəns], friend [frend]
Bekanntschaft acquaintance [ə'kweɪntəns]
beklagen, s. ~ (über) to complain (of/about) [kəm'pleɪn‿(əv/ ə'baʊt)]
bekommen to get [get]
belästigen to bother ['bɒðə]
Beleidigung insult ['ɪnsʌlt]
Belgien Belgium ['beldʒəm]
Belgier/in Belgian ['beldʒən]
Belohnung reward [rɪ'wɔ:d]
bemerken to notice ['nəʊtɪs]; *(sagen)* to remark [rɪ'mɑ:k]
bemühen, s. ~ to try hard ['traɪ 'hɑ:d]
benachrichtigen to inform [ɪn'fɔ:m]
benötigen to need [ni:d]
benutzen to use [ju:z]; *(Verkehrsmittel)* to take [teɪk]

beobachten to observe [əb'zɜːv], to watch [wɒtʃ]
bequem comfortable ['kʌmftəbl]
berechnen to calculate ['kælkjʊleɪt]
bereit ready ['redɪ]
bereits already [ɔːl'redɪ]
Berg mountain ['maʊntɪn]
Beruf job [dʒɒb], profession [prə'feʃn]
beruhigen, s. ~ to calm down ['kɑːm 'daʊn]
berühmt famous ['feɪməs]
berühren to touch [tʌtʃ]
beschädigen to damage ['dæmɪdʒ]
bescheinigen to certify ['sɜːtɪfaɪ]
beschließen to decide [dɪ'saɪd]
beschreiben to describe [dɪs'kraɪb]
beschweren, s. ~ (über) to complain (about) [kəm'pleɪn (ə'baʊt)]
besetzt *(Platz)* occupied ['ɒkjʊpaɪd], taken ['teɪkn]; *(voll)* full [fʊl]; *(Telefon; Toilette)* engaged [ɪn'geɪdʒd]
besichtigen to visit ['vɪzɪt]
Besitzer/in owner ['əʊnə]
besonders particularly [pə'tɪkjʊləlɪ], especially [ɪ'speʃlɪ]
besorgen to get [get]
besser better ['betə]
bestätigen to confirm [kən'fɜːm]
beste(r, -s) best [best]
bestehen auf to insist on [ɪn'sɪst‿ɒn]; ~ **aus** to consist of [kən'sɪst‿əv]
bestimmt certain(ly) ['sɜːtn(lɪ)]
Besuch visit ['vɪzɪt]
besuchen, jdn ~ to visit s.o. ['vɪzɪt], to call on s.o. ['kɔːl‿ɒn]
beten to pray [preɪ]
Betrag amount [ə'maʊnt]
betreten to enter ['entə]
betrinken, s. ~ to get drunk ['get 'drʌŋk]
Betrug *(Gaunerei)* swindle ['swɪndl]; *(Handel)* fraud [frɔːd]
betrunken drunk [drʌŋk]
Bett bed [bed]; **zu ~ gehen** to go to bed ['gəʊ tə 'bed]
beunruhigen, s. ~ to worry ['wʌrɪ]
Beutel bag [bæg]; *(Geld)* purse [pɜːs]
bevor before [bɪ'fɔː]
bewachen to guard [gɑːd]
Beweis proof [pruːf]
bewundern to admire [əd'maɪə]
bezahlen to pay [peɪ]
bezaubernd charming ['tʃɑːmɪŋ]

Bezeichnung description [dɪ'skrɪpʃn]
Biene bee [bi:]
bieten to offer ['ɒfə]
Bild picture ['pɪktʃə]; *(Abbildung)* illustration [ˌɪlə'streɪʃn]; *(Gemälde)* painting ['peɪntɪŋ]
bilden to form [fɔ:m]
billig cheap [tʃi:p]
bis to [tu:]; *(zeitlich)* till [tɪl], until [ən'tɪl]; ~ **jetzt** till now [tɪl 'naʊ]
bisschen, ein ~ a bit [bɪt]
Bitte request [rɪ'kwest]
bitten, jdn um etw ~ to ask s.o. for s.th. [ɑ:sk]
bitter bitter ['bɪtə]
Blatt leaf [li:f]
bleiben to remain [rɪmeɪn], to stay [steɪ]
bleich pale [peɪl]
Blick look [lʊk]; *(Ausblick)* view [vju:]
blöd(e) silly ['sɪlɪ], stupid ['stju:pɪd]
blühen to blossom ['blɒsəm], to bloom [blu:m]
Blume flower ['flaʊə]
Boden ground [graʊnd]; *(Fuß~)* floor [flɔ:]
böse evil ['i:vl]; *(ungezogen)* naughty ['nɔ:tɪ]; *(verärgert)* angry ['æŋgrɪ]
Botschaft *(dipl. Vertretung)* embassy ['embəsɪ]
Brand fire ['faɪə]
brauchen to need [ni:d], to want [wɒnt]; *(Zeit)* to take [teɪk]
braun brown [braʊn]
breit broad [brɔ:d], wide [waɪd]
brennen to burn [bɜ:n]
Brieftasche wallet ['wɒlɪt]
bringen *(her~)* to bring [brɪŋ]; *(weg~)* to take [teɪk]
Bruder brother ['brʌðə]
Buch book [bʊk]
buchen *(Platz)* to book [bʊk]
buchstabieren to spell [spel]
Bucht bay [beɪ]
Bummel *(Spaziergang)* stroll [strəʊl]
bunt colourful ['kʌləfʊl]
Büro office ['ɒfɪs]
Busch bush [bʊʃ]

C

Café café ['kæfeɪ]
Chef head [hed], boss [bɒs]
Cousin/e cousin ['kʌzn]

D

da *(dort)* there [ðeə]; *(Grund)* as [æz], because [bɪ'kɒz]; **da sein**

(anwesend) to be present ['preznt], to be there [ðeə]
dafür sein to be for it ['fɔ:r‿ɪt]
dagegen sein to be against it [ə'genst‿ɪt]
daheim at home [ət‿'həʊm]
damals then [ðen], at that time [taɪm]
danach afterwards ['ɑ:ftəwədz]
danken to thank [θæŋk]
dann then [ðen]
dass that [ðæt]
dasselbe the same [seɪm]
Datum date [deɪt]
Dauer duration [djʊə'reɪʃən]
dauern to last [lɑ:st]
dein your [jɔ:]
denken (an) to think (of) ['θɪŋk‿əv]
denn for [fɔ:]
deshalb therefore ['ðeəfɔ:]
deutlich distinct [dɪs'tɪŋkt]
deutsch German ['dʒɜ:mən]
Deutsche, der/die German ['dʒɜ:mən]
Deutschland Germany ['dʒɜ:mənɪ]
dich you [ju:]
dick thick [θɪk]
diese(r, -s) this [ðɪs], *(pl)* these [ði:z]
Ding thing [θɪŋ]
dir to you ['tə‿'ju:]; *(unmittelb. hinter d. Verb)* you [ju:]
direkt direct [dɪ'rekt]; *(sofort)* immediately [ɪ'mi:djətlɪ]
Direktion management ['mænɪdʒmənt]
doch yet [jet], however [haʊ'evə]
doppelt *adj* double ['dʌbl]; *adv* twice [twaɪs]
Dorf village ['vɪlɪdʒ]
dort there [ðeə]
Dose box [bɒks]; *(Konserve)* tin [tɪn], *(Am)* can [kæn]
draußen outside [ˌaʊt'saɪd]
drin, drinnen inside [ˌɪn'saɪd], indoors [ˌɪn'dɔ:z]
dringend urgent ['ɜ:dʒənt]
dritte(r, -s) third [θɜ:d]
du you [ju:]
dumm stupid ['stju:pɪd]
dunkel dark [dɑ:k]
dünn thin [θɪn]; *(schlank)* slim [slɪm], slender ['slendə]
durch through [θru:]; *(quer ~)* across [ə'krɒs]; *(Mittel)* by (means of) [baɪ ('mɪ:nz‿əv)]
Durchreise, auf der ~ passing through ['pɑ:sɪŋ 'θru:]
durchschnittlich *adj* average ['ævrɪdʒ]; *adv* on average
dürfen to be allowed [ə'laʊd]
durstig sein to be thirsty ['θɜ:stɪ]

E

eben *(flach)* flat [flæt]; *(glatt)* smooth [smu:ð]; *(zeitlich)* just now ['dʒʌst 'naʊ]
Ebene plain [pleɪn]
echt genuine ['dʒenjʊɪn]
Ecke corner ['kɔ:nə]
Ehefrau wife [waɪf]
Ehemann husband ['hʌzbənd]
eigen own [əʊn]
Eigenschaft quality ['kwɒlɪtɪ], characteristic [ˌkærɪktə'rɪstɪk]
eigentlich actual(ly) ['æktʃʊəl(ɪ)]
Eigentümer/in owner ['əʊnə]
eilig urgent ['ɜ:dʒənt]; **es ~ haben** to be in a hurry ['hʌrɪ]
ein(e) one [wʌn]
Eindruck impression [ɪm'preʃn]
einfach simple ['sɪmpl]
Eingang entrance ['entrəns]
einheimisch native ['neɪtɪv], local ['ləʊkl]
einige some [sʌm]; *(bei Frage, Verneinung, Bedingung)* any ['enɪ]
einigen, s. ~ to agree [ə'gri:]
einkaufen to buy [baɪ], to go shopping [gəʊ 'ʃɒpɪŋ]
einladen to invite [ɪn'vaɪt]
einmal once [wʌns]
einpacken to wrap [ræp], to pack [pæk]
einsam *(Mensch)* lonely ['ləʊnlɪ]; *(Haus usw.)* secluded [sɪ'klu:dɪd], isolated ['aɪsəleɪtɪd]
einschalten to switch on ['swɪtʃ‿'ɒn]
eintreffen to arrive (at) [ə'raɪv(‿ət)]
eintreten to enter (a room) ['entə]
Eintritt entrance ['entrəns]
Eintrittskarte (admission) ticket [(əd'mɪʃn) 'tɪkɪt]
Eintrittspreis admission charge [əd'mɪʃn 'tʃɑ:dʒ]
Einwohner inhabitant [ɪn'hæbɪtənt]
einzig only ['əʊnlɪ]
elektrisch electric [ɪ'lektrɪk]
Eltern parents ['peərənts]
empfangen to receive [rɪ'si:v]; *(begrüßen)* to greet [gri:t], to welcome ['welkam]
empfehlen to recommend [ˌrekə'mend]
Ende end [end]
enden to end [end]
endgültig *adj* definite ['defɪnɪt]; *adv* definitely ['defɪnɪtlɪ]
endlich finally ['faɪnəlɪ]
eng narrow ['nærəʊ]; *(Kleider)* tight [taɪt]
England England ['ɪŋglənd]

Engländer/in Englishman/-woman ['ɪŋglɪʃmən/ˌwʊmən]
englisch English ['ɪŋglɪʃ]
Enkel/in grandson ['grænsʌn]/granddaughter ['grænˌdɔ:tə]
entdecken to discover [dɪs'kʌvə]
entfernt distant ['dɪstənt]
Entfernung distance ['dɪstəns]
entgegengesetzt opposite ['ɒpəzɪt]
enthalten to contain [kən'teɪn]
entscheiden to decide [dɪ'saɪd]
entschließen, s. ~ to make up one's mind ['meɪk ʌp wʌnz 'maɪnd]
entschuldigen, s. ~ to apologise [ə'pɒlədʒaɪz]
Entschuldigung excuse [ɪks'kju:s]; **Ich bitte um ~!** I beg your pardon! [aɪ 'beg jɔ: 'pɑ:dn]
enttäuscht disappointed [ˌdɪsə'pɔɪntɪd]
entweder ... oder either ... or ['aɪðə ... 'ɔ:]
entwickeln to develop [dɪ'veləp]
entzückend charming ['tʃɑ:mɪŋ], delightful [dɪ'laɪtfʊl]
er he [hi:]
Erde earth [ɜ:θ]
Erdgeschoss ground-floor ['graʊnd'flɔ:]
ereignen, s. ~ to happen ['hæpn]
Ereignis event [ɪ'vent]
erfahren to learn [lɜ:n], to hear [hɪə]; *adj* experienced [ɪks'pɪərɪənst]
erfreut (über) pleased (with) [pli:zd (wɪð)], glad (of) [glæd (‿əv)]
Erfrischung refreshment [rɪ'freʃmənt]
Ergebnis result [rɪ'zʌlt]
erhalten to receive [rɪ'si:v], to get [get]
erhöhen *(Preise)* to increase [ɪn'kri:s]
erholen, s. ~ to recover [rɪ'kʌvə]
erinnern, jdn an etw ~ to remind [rɪ'maɪnd] s.o. of s.th.; **s. ~** to remember [rɪ'membə]
erklären to declare [dɪ'kleə]; *(deutlich machen)* to explain [ɪks'pleɪn]
erkundigen, s. ~ to inquire [ɪn'kwaɪə]
erlauben to allow [ə'laʊ], to permit [pə'mɪt]
Erlaubnis permission [pə'mɪʃn]
erledigen to settle ['setl]

Ermäßigung reduction [rɪ'dʌkʃn]
ermöglichen to make possible ['meɪk 'pɒsəbl]
ernst serious ['sɪərɪəs]
Ernte harvest ['hɑ:vɪst]
erreichen to reach [ri:tʃ]
Ersatz replacement [rɪ'pleɪsmənt]; *(Ausgleich)* compensation [ˌkɒmpen'seɪʃn]
erschöpft exhausted [ɪg'zɔ:stɪd]
erschrecken to frighten ['fraɪtn], to startle ['stɑ:tl]; *(erschrocken sein)* to be alarmed [ə'lɑ:md]
ersetzen to replace [rɪ'pleɪs]; *(Schaden)* to make good ['meɪk 'gʊd]
erst *(zuerst)* first of all ['fɜ:st‿əv‿ɔ:l]; *(nicht früher als)* only ['əʊnlɪ]
erste(r, -s) first [fɜ:st]
Erwachsene(r) adult ['ædʌlt]
erwarten *(rechnen mit)* to expect [ɪks'pekt]
erzählen to tell [tel]
Erziehung education [ˌedjʊ'keɪʃn]
Esel donkey ['dɒŋkɪ]
essbar edible ['edɪbl]
Essen *(Mahlzeit)* meal [mi:l]; *(Nahrung)* food [fu:d]
essen to eat [i:t]
etwa about [ə'baʊt]
etwas something ['sʌmθɪŋ]; *(verneint, fragend)* anything ['enɪθɪŋ]; *(ein wenig)* a little ['lɪtl]
euch you [ju:]
euer your [jɔ:]
Europa Europe ['jʊərəp]
Europäer/in European [ˌjʊərə'pɪən]
europäisch European
extra extra ['ekstrə], special ['speʃl]

F

Fabrik factory ['fæktərɪ]
fahren *(mit dem Zug, Auto)* to go [gəʊ] by train, car etc.; *(lenken)* to drive [draɪv]
Fahrer/in driver ['draɪvə]
Fahrgast passenger ['pæsɪndʒə]
Fahrstuhl lift [lɪft], *(Am)* elevator ['elɪveɪtə]
Fahrt *(Reise)* journey ['dʒɜ:nɪ], trip [trɪp]; *(See)* voyage ['vɔɪɪdʒ]; *(Auto)* drive [draɪv]
fair fair [feə]
fallen to fall [fɔ:l]
falls in case [ɪn 'keɪs], if [ɪf]
falsch wrong [rɒŋ]; *(betrügerisch)* deceitful [dɪ'si:tfʊl]
Familie family ['fæmɪlɪ]

fangen to catch [kætʃ]
fast almost ['ɔːlməʊst], nearly ['nɪəlɪ]
faul lazy ['leɪzɪ]; *(Obst)* rotten ['rɒtn]
fehlen to be missing ['mɪsɪŋ]
Fehler *(den man macht)* mistake [mɪs'teɪk]; *(den man hat)* fault [fɔːlt]
feilschen to haggle ['hægl]
fein *(dünn)* fine [faɪn]
Feld field [fiːld]
Fell fur [fɜː], *(Schafs~)* fleece [fliːs]
Fels rock [rɒk]; *(Klippe)* cliff [klɪf]
Ferien holidays ['hɒlədɪz], *(Am)* vacation [və'keɪʃən]
fertig *(bereit)* ready ['redɪ]
fest firm [fɜːm]; *(hart)* rigid ['rɪdʒɪd]; *(dauernd)* solid ['sɒlɪd]
Fest celebration(s), party ['pɑːtɪ]
fett fat [fæt]
feucht moist [mɔɪst], damp [dæmp]
Feuer fire ['faɪə]
feuergefährlich inflammable [ɪn'flæməbl]
Feuerlöscher fire extinguisher ['faɪərɪksˌtɪŋgwɪʃə]
Feuermelder fire alarm ['faɪərəˌlɑːm]
Feuerwehr fire brigade ['faɪəbrɪˌgeɪd]
finden to find [faɪnd]
Firma firm [fɜːm], company ['kʌmpənɪ]
Fisch fish [fɪʃ]
Fischhändler fishmonger ['fɪʃˌmʌŋgə]
fit fit [fɪt]
flach flat [flæt]; *(eben)* level ['levl]
Flasche bottle ['bɒtl]
Fleck(en) stain [steɪn]
flicken to mend [mend]
Fliege fly [flaɪ]
fliegen to fly [flaɪ]
fließen to flow [fləʊ]
Fluss river ['rɪvə]
flüssig liquid ['lɪkwɪd]
folgen to follow ['fɒləʊ]
Form form [fɔːm], shape [ʃeɪp]
Formular form [fɔːm]
fort away [ə'weɪ]
Foto photo(graph) ['fəʊtəʊ(grɑːf)]
Frage question ['kwestʃn]
fragen to ask [ɑːsk]
französisch French [frentʃ]
Frau woman ['wʊmən]; *(Ehe~)* wife [waɪf]; *(Anrede)* Madam ['mædəm]; *(vor Namen)* Mrs ['mɪsɪz]
Fräulein young lady ['jʌŋ 'leɪdɪ]; *(Anrede, vor Namen)* Miss [mɪs]

frei free [friː]; *(von Abgaben)* exempt [ɪg'zempt]; **im Freien** in the open air ['əʊpən 'eə]
fremd strange [streɪndʒ]
Fremde, der/die ~ stranger ['streɪndʒə]; *(Ausländer)* foreigner ['fɒrənə]
Freude joy [dʒɔɪ], pleasure ['pleʒə]
freuen, s. ~ (über) to be pleased (with/about) ['pliːzd wɪð/ə'baʊt)];
s. ~ auf to look forward to ['lʊk 'fɔːwəd tuː]
Freund/in (boy)friend/(girl)friend [('bɔɪ)frend/('gɜːl)frend]
freundlich friendly ['frendlɪ], kind [kaɪnd]
frieren to be cold [kəʊld], to freeze [frɪːz]
frisch fresh [freʃ]; *(kühl)* cool [kuːl]; *(neu)* new [njuː]; *(Wäsche)* clean [kliːn]
froh glad [glæd]; *(glücklich)* happy ['hæpɪ]; *(lustig)* merry ['merɪ]
frühstücken to have breakfast [hæv 'brekfəst]
fühlen to feel [fiːl]
führen to lead [liːd]
Führer *(für Fremde)* guide [gaɪd]
füllen to fill [fɪl]
Fundbüro lost-property office ['lɒst'prɒpətɪ ˌɒfɪs]
funktionieren to work [wɜːk]
für for [fɔː]
fürchten to fear [fɪə]; **s. ~ vor** to be afraid of [ə'freɪd]
fürchterlich terrible ['terəbl], dreadful ['dredfʊl]
Fußgänger/in pedestrian [pɪ'destrɪən]

G

ganz *adj* whole [həʊl]; *pl* all [ɔːl]; *(vollständig)* entire [ɪn'taɪə], complete [kəm'pliːt]; *adv* quite [kwaɪt]
Garantie guarantee [ˌgærən'tiː]
Garten garden ['gɑːdn]
Gast guest [gest]
Gastfreundschaft hospitality [ˌhɒspɪ'tælɪtɪ]
Gastgeber/in host/hostess [həʊst/'həʊstɪs]
Gebäude building ['bɪldɪŋ]
geben to give [gɪv]
geboren born [bɔːn]
gebräuchlich common ['kɒmən]
Gebühren fees [fiːz]
Geburtstag birthday ['bɜːθdeɪ]
Geduld patience ['peɪʃns]
Gefahr danger ['deɪndʒə]

gefährlich dangerous ['deɪndʒrəs]
gefallen to please [pli:z]
Gefälligkeit favour ['feɪvə]
Gefühl feeling ['fi:lɪŋ]
gegen against [ə'genst]; *(zeitlich)* about [ə'baʊt]
Gegend region ['ri:dʒən], area ['eərɪə], district ['dɪstrɪkt]
Gegenstand object ['ɒbdʒɪkt], item ['aɪtəm]
Gegenteil opposite ['ɒpəzɪt], contrary ['kɒntrərɪ]; **im ~** on the contrary
gegenüber opposite ['ɒpəzɪt]
geheim secret ['si:krɪt]
gehen to go [gəʊ]; *(zu Fuß)* to walk [wɔ:k]
gehören to belong to [bɪ'lɒŋ tu:]
Gelände ground [graʊnd]
Geld money ['mʌnɪ]
Geldbeutel purse [pɜ:s]
Gelegenheit occasion [ə'keɪʒən]; *(günstige ~)* opportunity [ˌɒpə'tju:nɪtɪ]
gelegentlich *adv* occasionally [ə'keɪʒnəlɪ]
gelten to be valid ['vælɪd]
gemeinsam *adj* common ['kɒmən]; *adv* together [tə'geðə]
gemischt mixed [mɪkst]
genau exact(ly) [ɪg'zækt(lɪ)]; **~ so ... wie** just as ... as ['dʒʌst‿əz ... əz]
genehmigen to grant permission [grɑ:nt pə'mɪʃn]
genießen to enjoy [ɪn'dʒɔɪ]
genug enough [ɪ'nʌf], sufficient [sə'fɪʃənt]
geöffnet open ['əʊpn]
gerade straight [streɪt]; *(zeitlich)* just [dʒʌst]
Geräusch noise [nɔɪz]
Gericht *(Essen)* dish [dɪʃ]; *(Justiz)* (law) court [(lɔ:)kɔ:t]
gern gladly ['glædlɪ]; **nicht ~** reluctantly [rɪ'lʌktəntlɪ]
Geruch smell [smel]
Gesang singing [sɪŋɪŋ]
geschehen to happen ['hæpn]
Geschenk present ['preznt], gift [gɪft]
Geschichte history ['hɪstərɪ]; *(Erzählung)* story ['stɔ:rɪ]
geschlossen shut [ʃʌt], closed [kləʊzd]
Geschmack taste [teɪst]
Geschwindigkeit speed [spi:d]
Gespräch conversation [ˌkɒnvə'seɪʃn], talk [tɔ:k]
gesund healthy ['helθɪ]
Gewicht weight [weɪt]
Gewinn profit ['prɒfɪt]

gewöhnlich usual ['ju:ʒʊəl], ordinary ['ɒdnrɪ]; *(ordinär)* vulgar ['vʌlgə]; *adv* usually ['ju:ʒʊəli]
gewohnt, etw ~ sein to be used to s.th. ['ju:st tʊ]
gibt, es ~ there is [ðeər‿ɪz], there are [ðeər‿ɑ:]
Gift poison ['pɔɪzn]
giftig poisonous ['pɔɪznəs]
Glaube faith [feɪθ]
glauben to believe [bɪ'li:v]
gleich same [seɪm]; *(sofort)* immediately [ɪ'mi:djətlɪ], at once [ət 'wʌns]
gleichen to look like ['lʊk 'laɪk]
gleichzeitig simultaneously [ˌsɪməl'teɪnjəslɪ]
Glück luck [lʌk]; *(Erfolg)* success [sək'ses]
glücklich happy ['hæpɪ]; *(Glück gehabt)* lucky ['lʌkɪ]
Glückwunsch congratulations [kənˌgrætjʊ'leɪʃnz]
Gott God [gɒd]
gratis free [frɪ:]
gratulieren to congratulate [kən'grætjʊleɪt]
Grenze border ['bɔ:də]
groß big [bɪg], large [lɑ:dʒ]; *(Statur)* tall [tɔ:l]; *(bedeutend)* great [greɪt]
Größe *(Umfang)* size [saɪz]; *(Länge, Höhe)* height [haɪt]
Großmutter grandmother ['græn̩mʌðə]
Großvater grandfather ['græn̩fɑ:ðə]
Grund reason ['ri:zn], cause [kɔ:z]; *(Beweg~)* motive ['məʊtɪv]
Gruppe group [gru:p]
grüßen to greet [gri:t]
gültig valid ['vælɪd]
gut *adj* good [gʊd]; *adv* well [wel]
Gutschein voucher ['vaʊtʃə]

H

haben to have [hæv]
Haken hook [hʊk]; *(Kleider~)* peg [peg]
halb *adj/adv* half [hɑ:f]
Hälfte half [hɑ:f], *pl* halves [hɑ:vz]
halt! halt! [hɔ:lt], stop! [stɒp]
haltbar durable ['djʊərəbl]
halten to keep [ki:p]; *(dauern)* to last [lɑ:st]; *(stehen bleiben)* to stop [stɒp]
handgemacht handmade ['hænd'meɪd]
hart hard [hɑ:d], solid ['sɒlɪd]
hässlich ugly ['ʌglɪ]
häufig frequent(ly) ['fri:kwənt(lɪ)]

Hauptstadt capital ['kæpɪtl]
Haus house [haʊs]
heben to lift [lɪft]
heilig holy ['həʊlɪ]
Heimat home [həʊm], native country ['neɪtɪv 'kʌntrɪ]
heimlich secret(ly) ['si:krɪt(lɪ)]
Heimreise return journey [rɪ'tɜ:n 'dʒɜ:nɪ], journey home ['dʒɜ:nɪ 'həʊm]
heiraten to marry ['mærɪ]
heiß hot [hɒt]
heißen to be called [bɪ 'kɔ:ld]
heizen to heat [hi:t]
helfen, jdm ~ to help s.o. [help]
hell bright [braɪt]
herausgeben *(Geld)* to give change for [gɪv 'tʃeɪndʒ fɔ:]
herein! come in! ['kʌm 'ɪn]
hereinkommen to come in ['kʌm 'ɪn]
Herr gentleman ['dʒentlmən]; *(vor Namen)* Mr ['mɪstə]
herrlich glorious ['glɔ:rɪəs], splendid ['splendɪd]
Herz heart [hɑ:t]
herzlich warm [wɔ:m], sincere [sɪn'sɪə]
hier here [hɪə]
Hilfe help [help], aid [eɪd]; **erste ~** first aid ['fɜ:st 'eɪd]
Himmel sky [skaɪ]; *(rel)* heaven ['hevn]
hinausgehen to go out ['gəʊ 'aʊt], to leave [lɪ:v]
hindern to prevent [prɪ'vent], to hinder ['hɪndə]
hineingehen to go in ['gəʊ 'ɪn], to enter ['entə]
hinlegen to put down ['pʊt 'daʊn]; **s. ~** to lie down ['laɪ 'daʊn]
hinten at the back [bæk]
hinter behind [bɪ'haɪnd]
hinterlegen to deposit [dɪ'pɒzɪt]
hinzufügen to add [æd]
hoch high [haɪ]
höchstens at the most [ət ðə 'məʊst], at best [ət 'best]
Hochzeit wedding ['wedɪŋ]
Hof yard [jɑ:d]
hoffen to hope [həʊp]
höflich polite [pə'laɪt]
Höhe height [haɪt]
Höhepunkt highlight ['haɪlaɪt]
holen to fetch [fetʃ]
Holz wood [wʊd]; *(Brenn~)* firewood ['faɪəwʊd]
hören to hear [hɪə]; **zu~** to listen ['lɪsn] (to)
hübsch pretty ['prɪtɪ]
Hügel hill [hɪl]
Hund dog [dɒg]

hungrig hungry ['hʌŋgrɪ]
Hütte hut [hʌt], cottage ['kɒtɪdʒ]

I

ich I [aɪ]
Idee idea [aɪ'dɪə]
ihr *(poss prn, f)* her [hɜː], *(pl)* their [ðeə]
Imbiss snack [snæk]
immer always ['ɔːlweɪz]
in in [ɪn]
inbegriffen included [ɪn'kluːdɪd]
informieren to inform [ɪn'fɔːm]
Inhalt contents ['kɒntents]
innen inside ['ɪn'saɪd]
Insekt insect ['ɪnsekt]
Insel island ['aɪlənd]
interessant interesting ['ɪntrɪstɪŋ]
interessieren, s. ~ (für) to be interested (in) ['ɪntrɪstɪd]
international international [ˌɪntə'næʃənl]
Ire/Irin Irishman/Irishwoman ['aɪrɪʃmən/'aɪrɪʃˌwʊmən]
irisch Irish ['aɪrɪʃ]
Irland Ireland ['aɪələnd], Eire ['eərə]
Irrtum mistake [mɪs'teɪk]

J

Jahr year [jɜː]
Jahreszeit season ['siːzn]
jährlich annual(ly) ['ænjʊəl(ɪ)]
jeder every ['evrɪ]; ~ **beliebige** any ['enɪ]; ~ **einzelne** each [iːtʃ]; ~**mann** everybody ['evrɪˌbɒdɪ]
jemand somebody ['sʌmbədɪ]; *(in verneinten u. fragenden Sätzen)* anybody ['enɪˌbɒdɪ]
jene that [ðæt], *pl* those [ðəʊz]
jetzt now [naʊ]
Jugendliche(r) youth ['juːθ]
jung young [jʌŋ]
Junge boy [bɔɪ]
Junggeselle bachelor ['bætʃələ]

K

kalt cold [kəʊld]
Kanal canal [kə'næl]; channel ['tʃænl]
kaputt broken ['brəʊkn], out of order [aʊt‿əv 'ɔːdə]
Kasse cash-desk ['kæʃdesk]; *(Theater~)* booking-(box-)office ['bʊkɪŋ('bɒks)ˌɒfɪs]
Katze cat [kæt]
kaufen to buy [baɪ]
kaum hardly ['hɑːdlɪ], scarcely ['skeəslɪ]
Kaution security [sɪ'kjʊərɪtɪ]

kein no [nəʊ]
keine(r, s) nobody ['nəʊbədɪ]
kennen to know [nəʊ]; ~ **lernen** to meet [mi:t]
Kind child [tʃaɪld], *pl* children ['tʃɪldrən]
Kiste box [bɒks], chest [tʃest]
klar clear [klɪə]
Klasse class [klɑ:s]
Kleidung clothing ['kləʊðɪŋ]
klein little [lɪtl], small [smɔ:l]
Klima climate ['klaɪmɪt]
Klingel bell [bel]
klug clever ['klevə], intelligent [ɪn'telɪdʒənt]
kochen to cook [kʊk]; *(Kaffee, Tee)* to make [meɪk]; *(Wasser)* to boil [bɔɪl]
Koffer suitcase ['sju:tkeɪs]
Kollege/Kollegin colleague ['kɒli:g]
kommen to come [kʌm]
Kompass compass ['kʌmpəs]
können to be able to ['eɪbl tʊ]
Konsulat consulate ['kɒnsjʊlɪt]
Kontakt contact ['kɒntækt]
kontrollieren *(beherrschen)* to control [kən'trəʊl]; *(nachprüfen)* to check [tʃek]
Korb basket ['bɑ:skɪt]
Körper body ['bɒdɪ]
kosten to cost [kɒst]
kostenlos free (of charge) [fri: (əv 'tʃɑ:dʒ)]
Kraft force [fɔ:s], strength [streŋθ]
krank ill [ɪl], sick [sɪk]; ~ **werden** to be taken ill ['teɪkn 'ɪl]
Krankenwagen ambulance ['æmbjʊləns]
kreativ creative [kri:'eɪtɪv]
kritisieren to criticise ['krɪtɪsaɪz]
Küche kitchen ['kɪtʃɪn]
kühl cool [ku:l]
Kultur culture ['kʌltʃə]
Kummer *(Trauer)* grief [gri:f]; *(Ärger)* problems ['prɒbləmz]
kümmern, s. ~ um to look after s.o/s.th. [ˌlʊk‿'ɑ:ftə], to take care of s.o./s.th. [teɪk 'keər‿əv]
Kunde/Kundin customer ['kʌstəmə]
kurz short [ʃɔ:t]
kurzfristig at short notice [ət 'ʃɔ:t 'nəʊtɪs]
Kuss kiss [kɪs]
küssen to kiss [kɪs]
Küste coast [kəʊst]

L

lachen to laugh [lɑːf]
lächerlich ridiculous [rɪ'dɪkjʊləs]
Lage situation [ˌsɪtjʊ'eɪʃn]; *(eines Ortes)* position [pə'zɪʃn]
Lampe lamp [læmp]
Land country ['kʌntrɪ]; *(Gegensatz zu Wasser)* land [lænd]
Landgut estate [ɪs'teɪt]
Landkarte map ['mæp]
Landsmann fellow countryman ['feləʊ 'kʌntrɪmən]
lang long [lɒŋ]
Länge length [leŋθ]
langsam slow(ly) ['sləʊ(lɪ)]
langweilig boring ['bɔːrɪŋ]
Lärm noise [nɔɪz]
lassen to let [let]
lästig annoying [ə'nɔɪɪŋ]
laufen *(rennen)* to run [rʌn]; *(gehen)* to go [gəʊ]; *(zu Fuß gehen)* to walk [wɔːk]
laut loud [laʊd]; *(Lärm)* noisy ['nɔɪzɪ]
läuten to ring [rɪŋ]
Leben life [laɪf], *pl* lives [laɪvz]
leben to live [lɪv]
lebhaft lively ['laɪvlɪ]
leer empty ['emptɪ]
legen to put [pʊt]
lehren to teach [tiːtʃ]
leicht easy ['iːzɪ]; *(geringfügig)* slight [slaɪt]; *(Gewicht)* light [laɪt]
leider unfortunately [ʌn'fɔːtʃnɪtlɪ]
leihen *(jdm)* to lend [lend]; *(von jdm)* to borrow ['bɒrəʊ]
leise quiet ['kwaɪət]
Leiter/in head [hed], boss [bɒs], manager ['mænɪdʒə]
lernen to learn [lɜːn]
lesen to read [riːd]
letzte(r, -s) last [lɑːst]
Leute people ['piːpl]
Licht light [laɪt]
lieb nice [naɪs]; **jdn ~ haben** to be fond of s.o. ['fɒnd‿əv]
Liebe love [lʌv]
lieben to love [lʌv]
liebenswürdig kind [kaɪnd]
lieber *adv* rather ['rɑːðə]; **etw ~ haben** to prefer [prɪ'fɜː]
Liebling darling ['dɑːlɪŋ]; *(Lieblings~)* favourite ['feɪvrɪt]
Lied song [sɒŋ]
liegen to lie [laɪ]
Linie line [laɪn]
linke(r, -s) left(-hand) ['left(ˌhænd)]
links on the left, to the left [left]
loben to praise [preɪz]
Loch hole [həʊl]; *(Reifen)* puncture ['pʌŋktʃə]

lösen to untie ['ʌn'taɪ], to undo ['ʌn'du:]
Luft air [eə]
Luftzug draught [drɑ:ft]
Lüge lie [laɪ]
lustig merry ['merɪ]; *(erheitернd)* funny ['fʌnɪ]
Lust pleasure ['pleʒə], joy [dʒɔɪ]; *(Begierde)* desire [dɪ'zaɪə], lust [lʌst]; ~ **haben (auf)** to feel like [fi:l 'laɪk]
luxuriös luxurious [lʌg'zjʊərɪəs]

M

machen to do [du:]; *(herstellen)* to make [meɪk]
Mädchen girl [gɜ:l]
mager thin [θɪn]; *(Fleisch)* lean [li:n]
Mahlzeit meal [mi:l]
malen to paint [peɪnt]
man one [wʌn]
Mann man [mæn], *pl* men [men]; *(Ehe~)* husband ['hʌzbənd]
männlich male [meɪl]
Mannschaft *(Sport)* team [ti:m]; *(Schiff)* crew [kru:]
Maschine machine [mə'ʃi:n]
Material material [mə'tɪərɪəl]
Meer sea [si:]
mehr more [mɔ:]; ~ **als** more than
mein my [maɪ]
meinen to think [θɪŋk]
meinetwegen I don't mind ['aɪ dəʊnt 'maɪnd]
Meinung opinion [ə'pɪnjən], view [vju:]
melden to announce [ə'naʊns]; *(berichten)* to inform [ɪn'fɔ:m]
Menge quantity ['kwɒntɪtɪ]; *(Menschen~)* crowd [kraʊd]; **eine** ~ a lot of [ə 'lɒt‿əv]
Mensch person ['pɜ:sn], man/woman [mæn/'wʊmən]; *(der ~)* man [mæn]
merken to be aware of [ə'weər‿əv]; **s. etw** ~ to remember s.th. [rɪ'membə]
Messe *(rel)* mass [mæs]
mich me [mi:]
mieten to rent [rent], to hire ['haɪə]
mild mild [maɪld]
mindestens at least [ət 'li:st]
Minute minute ['mɪnɪt]
mir me [mi:], to me
misstrauen to distrust [dɪs'trʌst]
Missverständnis misunderstanding [ˌmɪsʌndə'stændɪŋ]
mit with [wɪð]
mitbringen to bring [brɪŋ]

Mitleid pity ['pɪtɪ]
mitnehmen to take [teɪk]
Mittag noon [nuːn]
Mitte middle ['mɪdl]
Mitteilung announcement [ə'naʊnsmənt]
Mittel means [miːnʒ]; *(Heil~)* remedy ['remɪdɪ]
Möbel furniture ['fɜːnɪtʃə]
Mode fashion ['fæʃn]
modern modern ['mɒdn], *(zeitgemäß)* up to date ['ʌp tə 'deɪt]
mögen *(gern haben)* to like [laɪk]; *(wünschen)* to want [wɒnt]
möglich possible ['pɒsəbl]
Möglichkeit possibility [ˌpɒsə'bɪlɪtɪ]
Mole pier [pɪə]
Monat month [mʌnθ]
monatlich monthly ['mʌnθlɪ]
Mond moon [muːn]
Morgen morning ['mɔːnɪŋ]
Möwe seagull ['siːgʌl]
Mücke gnat [næt], midge [mɪdʒ]
müde tired ['taɪəd]
Mühe trouble ['trʌbl], effort ['efət]; **s. ~ geben** to take pains ['teɪk 'peɪnz]
Müll rubbish ['rʌbɪʃ], *(Am)* garbage ['gɑːbɪdʒ]
Mülltonne dustbin ['dʌstbɪn], *(Am)* trashcan ['træʃkæn]
Mündung *(Fluss)* mouth [maʊθ]; *(Straße)* end [end]
Muschel shell [ʃel]
Musik music ['mjuːzɪk]
müssen to have to ['hæv tʊ]
Mutter mother ['mʌðə]

N

nach after ['ɑːftə]; ~ **London** to London [tʊ 'lʌndən]
Nachbar/in neighbour ['neɪbə]
Nachmittag afternoon [ˌɑːftə'nuːn]
Nachricht message ['mesɪdʒ]
nächste(r, -s) next [nekst]
Nacht night [naɪt]; **heute ~** tonight [tə'naɪt]
nackt naked ['neɪkɪd], nude [njuːd]
Nadel needle ['niːdl]
nahe near [nɪə], close [kləʊs]; **~ bei** close to
nähern, s. ~ to approach [ə'prəʊtʃ]
Name name [neɪm]
nass wet [wet], moist [mɔɪst]; *(durchnässt)* soaked [səʊkt]
Natur nature ['neɪtʃə]
natürlich *adj* natural ['nætʃrəl]; *adv* of course [əv 'kɔːs]

neben next to [nekst tʊ], beside [bɪ'saɪd]
negativ negative ['negətɪv]
nehmen to take [teɪk]
nennen to name [neɪm], to call [kɔːl]
nervös nervous ['nɜːvəs]
nett nice [naɪs]
neu new [njuː]
neugierig curious ['kjʊərɪəs]
Neuigkeit news [njuːz]
nicht not [nɒt]; **gar** ~ not at all ['nɒt‿ət 'ɔːl]
nichts nothing ['nʌθɪŋ]
nie never ['nevə]
nieder, niedrig low [ləʊ]
niemand nobody ['nəʊbədɪ]
nirgends nowhere ['nəʊweə]
noch still [stɪl]; ~ **nicht** not yet ['nɒt 'jet]
Nonne nun [nʌn]
Norden north [nɔːθ]
Nordirland Northern Ireland ['nɔːðən 'aɪələnd]
nördlich von (to the) north of ['nɔːθ‿əv]
Nordsee, die North Sea ['nɔːθ 'siː]
normal normal ['nɔːml]; *(Format)* standard ['stændəd]
normalerweise normally ['nɔːməlɪ], usually ['juːʒʊəlɪ]
Notfall emergency [ɪ'mɜːdʒənsɪ]
notwendig necessary ['nesɪsrɪ]
nüchtern sober ['səʊbə]
Nummer number ['nʌmbə]
nur only ['əʊnlɪ]

O

ob whether ['weðə]
oben up [ʌp]
obwohl although [ɔːl'ðəʊ]
oder or [ɔː]
offen open ['əʊpn]
öffentlich public ['pʌblɪk]
offiziell official [ə'fɪʃl]
öffnen to open ['əʊpn]
Öffnungszeiten opening hours ['əʊpnɪŋ ˌaʊəz], hours of business ['aʊəz‿əv 'bɪznɪs]
oft often ['ɒfn]
ohne without [wɪ'ðaʊt]
Orden *(rel)* order ['ɔːdə]
Ort place [pleɪs]; *(Stelle)* spot [spɒt]
Ortschaft village ['vɪlɪdʒ], town [taʊn]
Osten east [iːst]
Österreich Austria ['ɔːstrɪə]
Österreicher/in Austrian ['ɔːstrɪən]
östlich von east of [iːst‿əv]

P

Paar pair ['peər]; *(Ehe~)* couple ['kʌpl]
paar, ein ~ a few [fjuː]
Panorama panorama [ˌpænə'rɑːmə]
Park park [pɑːk]
parken to park [pɑːk]
passen to fit [fɪt]; *(gelegen kommen)* to suit [sjuːt]
Pauschale flat rate ['flæt 'reɪt]
Person person ['pɜːsn]
Personal staff [stɑːf]
Personalien particulars [pə'tɪkjʊləz]
persönlich personal ['pɜːsnl]
Pfad path [pɑːθ]
Pfand deposit [dɪ'pɒzɪt], security [sɪ'kjʊərɪtɪ]
Pflanze plant [plɑːnt]
pflücken to pick [pɪk]
Plakat poster ['pəʊstə]
Plan plan [plæn]; *(Entwurf)* draft [drɑːft]
Platz place [pleɪs]; *(Sitz~)* seat [siːt]
plötzlich suddenly ['sʌdnlɪ]
positiv positive ['pɒzɪtɪv]
praktisch practical ['præktɪkl]
Preis *(Kosten)* price [praɪs]; *(Gewinn)* prize [praɪz]
Priester priest [priːst]
privat private ['praɪvɪt]
pro per [pɜː]
Probe experiment [ɪks'perɪmnt], trial ['traɪəl]
Problem problem ['prɒbləm]
Produkt product ['prɒdʌkt]
Programm programme ['prəʊgræm]
Prospekt prospectus [prəs'pektəs], leaflet ['liːflɪt], brochure ['brəʊʃə]
protestieren to protest [prə'test]
provisorisch provisional [prə'vɪʒənl], temporary ['temprərɪ]
Prozent percent [pə'sent]
prüfen to examine [ɪg'zæmɪn]
Publikum public ['pʌblɪk]; *(Zuschauer)* audience ['ɔːdjəns]
pünktlich *adj* punctual ['pʌŋktjʊəl]; *adv* on time [ɒn 'taɪm]
putzen to clean [kliːn]

Q

Qualität quality ['kwɒlɪtɪ]
Quelle source [sɔːs]; *(Wasser)* spring [sprɪŋ]
quer durch straight across/through ['streɪt‿ə'krɒs/'θruː]
Quittung receipt [rɪ'siːt]

R

Rabatt discount ['dɪskaʊnt]
Radio radio ['reɪdɪəʊ]
Rasen lawn [lɔ:n], grass [grɑ:s]
Rat advice [əd'vaɪs]; **jdn um ~ fragen** to ask [ɑ:sk] s.o.'s advice
raten to advise [əd'vaɪz]; *(erraten)* to guess [ges]
rauchen to smoke [sməʊk]
Raucher smoker [sməʊkə]
Raum space [speɪs]; *(Räumlichkeit)* room [ru:m]
Rechnung bill [bɪl]
Recht *(Anspruch)* right [raɪt]; **Recht haben** to be right
rechte(r, -s) right(-hand) ['raɪt(ˌhænd)]
rechts on the right, to the right [raɪt]
rechtzeitig *adv* in time [ɪn 'taɪm]
reden to talk [tɔ:k]
regelmäßig regular ['regjʊlə]
regeln to settle ['setl]
Regierung government ['gʌvnmənt]
Region region ['ri:dʒən]
reich rich [rɪtʃ]
reichen *(aus~)* to be sufficient [sə'fɪʃnt]; *(über~)* to hand [hænd], to pass [pɑ:s]
reif ripe [raɪp]; *(geistig, körperlich)* mature [mə'tjʊə]
reinigen to clean [kli:n]
Reise journey ['dʒɜ:nɪ]; *(Schiffs~)* voyage ['vɔɪɪdʒ]
Reisebüro travel agency ['trævl 'eɪdʒənsɪ]
Reiseführer guide [gaɪd]
Reisegesellschaft party ['pɑ:tɪ]
reisen to travel ['trævl]; **~ nach** to go to ['gəʊ tʊ]
Reisende, der, die traveller ['trævlə], tourist ['tʊərɪst]
reißen *(kaputtgehen)* to tear [teə]
reklamieren to complain [kəm'pleɪn]
rennen to run [rʌn]
reparieren to repair [rɪ'peə]
reservieren to reserve [rɪ'zɜ:v]
retten to save [seɪv]
richtig right [raɪt]; *(geeignet)* proper ['prɒpə]
Richtung direction [dɪ'rekʃn]
riechen to smell [smel]
Risiko risk [rɪsk]
Rollstuhl wheelchair [wi:l'tʃeə]
Route route [ru:t]
Rückfahrt return journey [rɪ'tɜ:n 'dʒɜ:nɪ]
Rückkehr return [rɪ'tɜ:n]
Rucksack rucksack ['rʌksæk]

rücksichtslos inconsiderate [ˌɪnkən'sɪdərɪt]
rückwärts backwards ['bækwədz]
rufen to call [kɔːl]
Ruhe rest [rest]; *(seelisch)* calm [kɑːm]; *(Stille)* silence ['saɪləns]
ruhig silent ['saɪlənt], quiet ['kwaɪət], calm [kɑːm]
rund round [raʊnd]

S

Saal hall [hɔːl]
Sache thing [θɪŋ]; *(Angelegenheit)* matter ['mætə]
sagen to say [seɪ]; *(mitteilen)* to tell [tel]
Saison season ['siːzn]
sammeln to collect [kə'lekt]
satt full [fʊl]
Satz sentence ['sentəns]
sauber clean [kliːn]
Schach chess [tʃes]
schade, Wie ~! What a pity! ['wɒt‿ə 'pɪtɪ]
Schaden damage ['dæmɪdʒ]
schädlich harmful ['hɑːmfʊl]
Schatten shadow ['ʃædəʊ]
schätzen *(Person)* to like [laɪk]; *(Wert)* to estimate ['estɪmeɪt]
schauen to look [lʊk]
Schaufenster shop window ['ʃɒp 'wɪndəʊ]
schenken to give as a present ['gɪv‿əz‿ə 'preznt]
schicken to send [send]
Schild sign [saɪn]
schimpfen *(fluchen)* to swear; *(sich beklagen)* to grumble ['grʌmbl]
schlafen to sleep [sliːp]
schlagen to hit [hɪt], beat [biːt]; *(Uhr)* to strike [straɪk]
Schlamm mud [mʌd]
Schlange snake [sneɪk]; **~ stehen** to queue (up) ['kjuː ('ʌp)]
schlank slim [slɪm], slender ['slendə]
schlau clever ['klevə]
schlecht *adj* bad [bæd]; *adv* badly ['bædlɪ]
schließen to shut [ʃʌt], to close [kləʊz]
schlimm bad [bæd]; **~er** worse [wɜːs]; **~st** worst [wɜːst]
Schloss castle ['kɑːsl]; *(Tür)* lock [lɒk]
schmal narrow ['nærəʊ]; *(Mensch; Buch)* slim [slɪm]
schmecken (nach) to taste (of) ['teɪst (əv)]
schmerzen to hurt [hɜːt]
schmuggeln to smuggle ['smʌgl]

Schmutz dirt [dɜːt]
schmutzig dirty ['dɜːtɪ]
schnarchen to snore [snɔː]
schneiden to cut [kʌt]
schnell *adj* quick [kwɪk], fast [fɑːst]
schon already [ɔːl'redɪ]
schön beautiful ['bjuːtəfl]
Schotte/Schottin Scotsman/Scotswoman ['skɒtsmən/'skɒtsˌwʊmən]
schottisch Scottish ['skɒtɪʃ]
Schottland Scotland ['skɒtlənd]
schrecklich terrible ['terəbl], awful ['ɔːfʊl], dreadful ['dredfʊl]
schreiben to write [raɪt]
schreien to shout [ʃaʊt]; *(schrill)* to scream [skriːm]
Schrift *(Hand~)* (hand)writing [('hænd)ˌraɪtɪŋ]
schriftlich in writing [ɪn 'raɪtɪŋ]
schüchtern shy [ʃaɪ]
Schuld guilt [gɪlt]; *(Geld)* debt [det]
schulden to owe [əʊ]
Schule school [skuːl]
schwach weak [wiːk], feeble ['fɪːbl]
Schwager brother-in-law ['brʌðərɪnlɔː]
Schwägerin sister-in-law ['sɪstərɪnlɔː]
schweigen to be silent ['saɪlənt], to keep quiet ['kiːp 'kwaɪət]
Schweiz Switzerland ['swɪtsələnd]
Schweizer/in Swiss(man/woman) ['swɪs('mæn/'wʊmən)]; **ich bin Schweizer(in)** I'm Swiss [aɪm 'swɪs]
schwer heavy ['hevɪ]; *(Krankheit)* serious ['sɪərɪəs]; *(schwierig)* difficult ['dɪfɪkəlt]
Schwester sister ['sɪstə]
schwierig difficult ['dɪfɪkəlt]
schwimmen to swim [swɪm]
Schwindler swindler ['swɪndlə]
schwindlig dizzy ['dɪzɪ], giddy ['gɪdɪ]
schwitzen to perspire [pəs'paɪə], to sweat [swet]
See lake [leɪk]
sehen to see [siː]
sehr very ['verɪ]; *(bei Verb)* very much ['verɪ 'mʌtʃ]
Seil rope [rəʊp]
sein *verb* to be [biː]
sein *poss prn m* his [hɪz]; *n* its [ɪts]
seit *(Zeitpunkt)* since [sɪns]; *(Zeitraum)* for [fɔː]
Seite side [saɪd]; *(Buch)* page [peɪdʒ]

Sekunde second ['seknd]
selbst, ich habe es ~ gemacht I did it myself [maɪ'self]; **selbst (wenn)** even (if) ['iːvn ('ɪf)]
Selbstbedienung self-service [ˌself'sɜːvɪs]
selten *adj* rare [reə]; *adv* seldom ['seldəm]
Sendung *(Radio, Fernsehen)* programme ['prəʊgræm]
servieren to serve [sɜːv]
setzen to put [pʊt]; **s. ~** to sit down ['sɪt 'daʊn]
Sex sex [seks]
sicher safe(ly) [seɪf(lɪ)]; *(gewiss)* sure(ly) [ʃʊə(lɪ)], certain(ly) ['sɜːtn(lɪ)]
Sicherheit safety ['seɪftɪ]; *(Garantie)* security [sɪ'kjʊərɪtɪ]
Sicherung *(el)* fuse [fjuːz]
Sicht *(Sehweite)* visibility [ˌvɪzɪ'bɪlətɪ]; *(Aus~)* view [vjuː]
sie *sing* she [ʃiː]; *pl* they [ðeɪ]
Sie you [juː]
Signal signal ['sɪgnl]
singen to sing [sɪŋ]
Sinn sense [sens]
Sitz seat [siːt]; *(Wohn~)* (place of) residence [('pleɪs‿əv) 'rezɪdəns]; *(von Firma usw.)* headquarters [ˌhed'kwɔːtəz]
sitzen to sit [sɪt]
so so [səʊ], thus [ðʌs]
sofort at once [ət 'wʌns], immediately [ɪ'mɪːdjətlɪ]
Sohn son [sʌn]
sollen *(müssen)* to have to ['hæv tʊ]; **Sie sollten** you ought to [jʊ ɔːt‿tʊ]
Sonder... special ['speʃl]
sorgen, s. ~ um to be worried about ['wʌrɪd‿ə'baʊt]
Sorte sort [sɔːt], kind [kaɪnd]; *(Zigaretten)* brand [brænd]
Spaß *(Scherz)* joke [dʒəʊk]; *(Vergnügen)* fun [fʌn]
spazieren gehen to go for a walk ['gəʊ fər‿ə 'wɔːk]
Spaziergang walk [wɔːk], stroll [strəʊl]
speziell special ['speʃl]
spielen to play [pleɪ]
Spitze point [pɔɪnt]; *(Gewebe)* lace [leɪs]
Sport sport [spɔːt]
Sportplatz sports ground ['spɔːtsgraʊnd]
Sprache language ['læŋgwɪdʒ]
sprechen to speak [spiːk]
springen to jump [dʒʌmp]
Staat state [steɪt]
Stadt town [taʊn]
Stadtplan town plan ['taʊn 'plæn], city map ['sɪtɪ 'mæp]
Stadtteil district ['dɪstrɪkt]

stammen aus to come from ['kʌm frɒm]
stark strong [strɒŋ]; *(dick)* thick [θɪk]; *(Schmerzen)* severe [sɪ'vɪə]
statt instead of [ɪn'sted‿əv]
stattfinden to take place ['teɪk 'pleɪs]
Staub dust [dʌst]
stechen to sting [stɪŋ]
Steg *(Landungs~)* landing stage ['lændɪŋ steɪdʒ]
stehen to stand [stænd]; **stehen bleiben** to stop [stɒp]
stehlen to steal [sti:l]
steil steep [sti:p]
Stein stone [stəʊn]
steinig stony ['stəʊnɪ]
Stelle *(Ort)* spot [spɒt], place [pleɪs]
stellen to put [pʊt]
Stempel stamp [stæmp]
sterben to die [daɪ]
Stern star [stɑ:]
still *(ruhig)* quiet ['kwaɪət], silent ['saɪlənt]; *(unbewegt)* still [stɪl], calm [kɑ:m]
Stimme voice [vɔɪs]; *(Votum)* vote [vəʊt]
stimmen *(richtig sein)* to be right/true [raɪt/tru:]
stinken to smell [smel], to stink [stɪŋk]
Stock stick [stɪk]
Stockwerk floor [flɔ:]
Stoff material [mə'tɪərɪəl]
stören to disturb [dɪs'tɜ:b], to bother ['bɒðə]
stornieren *(Zimmer, Fahr-, Flugkarten)* to cancel ['kænsl]
Stoß push [pʊʃ], shove [ʃʌv]
Strafe punishment ['pʌnɪʃmənt]; *(Geld~)* fine [faɪn]
Strand beach [bi:tʃ]
Straße street [stri:t]; *(Land~)* road [rəʊd]
Strauß *(Blumen)* bunch of flowers ['bʌntʃ‿əv 'flaʊəz]
Strecke distance ['dɪstns]; *(Bahn)* line [laɪn]; *(Straße)* road [rəʊd], route [ru:t]
Streichholz match [mætʃ]; **~schachtel** matchbox ['mætʃbɒks]
Streit quarrel ['kwɒrl], argument ['ɑ:gjʊmənt]
Strom *(el)* current ['kʌrnt]
Strömung current ['kʌrnt]
Stück piece [pi:s]; *(Theater~)* play [pleɪ]
studieren to study ['stʌdɪ]
Stuhl chair [tʃeə]
Stunde hour ['aʊə]; *(Unterrichts~)* lesson ['lesn]; **eine halbe ~** half an hour ['hɑ:fən'aʊə]; **eine Viertel~** a

quarter of an hour ['kwɔ:tr‿əv‿ən 'aʊə]
stürzen *(fallen)* to fall [fɔ:l]
suchen to look for ['lʊk fɔ:]
Süden south [saʊθ]
südlich von south of [saʊθ‿əv]
Summe sum [sʌm]; *(Betrag)* amount [ə'maʊnt]
süß sweet [swi:t]
sympathisch nice [naɪs], pleasant ['pleznt]

T

Tabak tobacco [tə'bækəʊ]
Tag day [deɪ]
tanken to fill up ['fɪl 'ʌp]
Tanz dance [dɑ:ns]
Tasche pocket ['pɒkɪt]; *(Hand~)* bag [bæg]
Tatsache fact [fækt]
tauschen to exchange [ɪks'tʃeɪndʒ], to swap [swɒp]; *(Geld)* to change [tʃeɪndʒ]
täuschen, s. ~ to be mistaken [mɪs'teɪkn], to be wrong [rɒŋ]
Teil part [pɑ:t]
teilen to divide [dɪ'vaɪd]; *(mit jdm)* to share [ʃeə]
teilnehmen (an) to take part (in) ['teɪk 'pɑ:t (ɪn)]
telefonieren to make a phone call [meɪk‿ə 'fəʊnkɔ:l]; to phone [fəʊn], to ring (up) ['rɪn ('ʌp)]
Teller plate [pleɪt]
Termin appointment [ə'pɔɪntmənt]; *(Frist)* deadline ['dedlaɪn]
teuer dear [dɪə], expensive [ɪks'pensɪv]
tief deep [di:p]; *(niedrig)* low [ləʊ]
Tier animal ['ænɪml]
Tipp tip [tɪp]
Tisch table ['teɪbl]
Tochter daughter ['dɔ:tə]
Tod death [deθ]
Ton sound [saʊnd]; *(Umgangston)* tone [təʊn]; *(Farbe)* shade [ʃeɪd]
tot dead [ded]
Tour tour [tʊə], excursion [ɪks'kɜ:ʃən], trip [trɪp]
Tourist/in tourist ['tʊərɪst]
Tracht *(Volkstracht)* national costume [ˌnæʃə'næl 'kɒstju:m]
tragen to carry ['kærɪ]; *(Kleidung)* to wear [weə]
Traum dream [dri:m]
traurig sad [sæd]
treffen to meet [mi:t]
trennen to separate ['sepəreɪt]; *(teilen)* to divide [dɪ'vaɪd]

Treppe stairs [steəz], staircase ['steəkeɪs]; *(im Freien)* steps [steps]
treu loyal ['lɔɪl], faithful ['feɪθfʊl]
trinken to drink [drɪŋk]
trocken dry [draɪ]
trocknen to dry [draɪ]
trotzdem nevertheless [ˌnevəðə'les]
trüb cloudy ['klaʊdɪ]
Tuch cloth [klɒθ]; *(Kopf~)* scarf [skɑːf]
tun to do [duː]
Tunnel tunnel ['tʌnl]
Tür door [dɔː]
Tüte bag [bæg]; *(Eis)* cornet ['kɔːnət]
typisch typical ['tɪpɪkl]

U

üben to practise ['præktɪs]
über over ['əʊvə]
überall everywhere ['evrɪweə]
Übergang crossing ['krɒsɪŋ]; *(Wechsel)* transition [træn'zɪʃn]
überholen to overtake [ˌəʊvə'teɪk]
übernachten to stay [steɪ], *(eine Nacht)* spend the night ['spend ðə 'naɪt]
überqueren to cross [krɒs]
überrascht surprised [sə'praɪzd]
überreden to persuade [pə'sweɪd]
übersetzen to translate [træns'leɪt]
übertrieben exaggerated [ɪg'zædʒəreɪtɪd]
überzeugen to convince [kən'vɪns]
üblich usual ['juːʒʊəl]
übrig bleiben to be left [left]
Übung practice ['præktɪs]; *(Sport, Lehrbuch)* exercise ['eksəsaɪz]
Ufer *(Fluss)* bank [bæŋk]; *(Meer)* shore [ʃɔː]
um *(herum)* around [ə'raʊnd]; *(Zeitangabe)* at [æt], *(gegen)* about [ə'baʊt]
umarmen to hug [hʌg], to embrace [ɪm'breɪs]
Umgebung surroundings [sə'raʊndɪŋz]
umgekehrt reverse [rɪ'vɜːs]
umkehren to turn back ['tɜːn 'bæk]
Umrechnung conversion [kən'vɜːʃn]
umsonst *(gratis)* free (of charge) ['friː (əv 'tʃɑːdʒ)]; *(vergeblich)* in vain [ɪn 'veɪn]
umtauschen to change [tʃeɪnʒ]
Umweg detour ['diːtʊə]

Umwelt environment [ɪn'vaɪərnmənt]
umziehen, s. ~ to change [tʃeɪnʒ]
unangenehm unpleasant [ʌn'pleznt]
unanständig rude [ru:d]
unbedingt *adv* really ['rɪəlɪ]; ~! certainly! ['sɜ:tnlɪ]
und and [ænd]
unentschlossen undecided [ˌʌndɪ'saɪdɪd]
unerfreulich unpleasant [ʌn'pleznt]
unerträglich intolerable [ɪn'tɒlrəbl], unbearable [ʌn'beərəbl]
Unfall accident ['æksɪdənt]
ungeeignet unsuited [ˌʌn'sju:tɪd], unfit [ˌʌn'fɪt]
ungefähr about [ə'baʊt]
ungewöhnlich unusual [ʌn'ju:ʒʊəl]
unglaublich incredible [ɪn'kredəbl]
Unglück *(Unfall)* accident ['æksɪdənt]; *(Unheil)* misfortune [mɪs'fɔ:tʃən]
Universität university [ju:nɪ'vɜ:sɪtɪ]
Unkosten expenses [ɪks'pensɪz]
unmöglich impossible [ɪm'pɒsəbl]
uns us [ʌs]
unschuldig innocent ['ɪnəsnt]
unser, e our ['aʊə]
unten below [bɪ'ləʊ]; **dort** ~ down there ['daʊn 'ðeə]
unter under ['ʌndə]; *(zwischen)* among [ə'mʌŋ]
unterbrechen to interrupt [ˌɪntə'rʌpt]
Unterführung subway ['sʌbweɪ]
unterhalb below [bɪ'ləʊ]
unterhalten, s. ~ to talk [tɔ:k]
Unterhaltung *(Gespräch)* conversation [ˌkɒnvə'seɪʃn]; *(Vergnügen)* entertainment [ˌentə'teɪnmənt]
Unterkunft accommodation [əˌkɒmə'deɪʃn]
unterrichten to inform [ɪn'fɔ:m]; *(Schule)* to teach [ti:tʃ]
Unterschied difference ['dɪfrəns]
unterschreiben to sign [saɪn]
Unterschrift signature ['sɪgnɪtʃə]
untersuchen to examine [ɪg'zæmɪn]
unterwegs on the way [ɒn ðə 'weɪ]
unverbindlich without obligation [wɪ'ðaʊt ˌɒblɪ'geɪʃn]

unverschämt impertinent [ɪm'pɜːtɪnənt], cheeky ['tʃiːkɪ]
unwahrscheinlich unlikely [ʌn'laɪklɪ], improbable [ɪm'prɒbəbl]
unwichtig unimportant [ˌʌnɪm'pɔːtənt]
Urlaub holidays ['hɒlədɪz], *(Am)* vacation [və'keɪʃn]

V

Vater father ['fɑːðə]
Verabredung *(formell)* appointment [ə'pɔɪntmənt]; *(fam)* date [deɪt]
verabschieden, s. ~ to say goodbye [seɪ ˌgʊd'baɪ]
Veränderung change [tʃeɪndʒ]
Veranstaltung event [ɪ'vent]
verantwortlich responsible [rɪs'pɒnsəbl]
verbessern to improve [ɪm'pruːv]; *(Fehler)* to correct [kə'rekt]
verbieten to forbid [fə'bɪd]
Verbindung connection [kə'nekʃn]
Verbot ban [bæn]
verboten forbidden [fə'bɪdn], prohibited [prə'hɪbɪtɪd]
Verbrauch consumption [kən'sʌmpʃn]
verbrennen to burn [bɜːn]
verbringen *(Zeit)* to spend [spend]
verdorben spoiled ['spɔɪlt]; *(faul)* rotten ['rɒtn]; *(sittlich)* corrupt [kə'rʌpt]
Verein association [əˌsəʊsɪ'eɪʃn], club [klʌb]
vereinbaren to agree on [ə'griː‿ɒn]
Vergangenheit past [pɑːst]
vergehen *(Zeit)* to pass [pɑːs]
vergessen to forget [fə'get]
vergleichen to compare [kəm'peə]
Vergnügen pleasure ['pleʒə]
verheiratet (mit) married ['mærɪd] (to)
verhindern to prevent [priː'vent]
verirren, s. ~ to lose one's way ['luːz wʌnz 'weɪ], to get lost [get 'lɒst]
Verkauf sale [seɪl]
verkaufen to sell [sel]
Verkehr traffic ['træfɪk]
Verkehrsamt tourist information office ['tʊərɪst‿ɪnfə'meɪʃn‿ɒfɪs]
verlangen to ask for ['ɑːsk fɔː]; *(fordern)* to demand [dɪ'mɑːnd]
verlängern to extend [ɪk'stend]
verlassen to leave [liːv]

Verletzte, der/die ~ injured person ['ɪnʒəd 'pɜːsn]
verlieren to lose [luːz]
Verlobte, der/die ~ fiancé/fiancée [fɪ'ɑːnseɪ]
Verlust loss [lɒs]
vermeiden to avoid [ə'vɔɪd]
vermieten to let [let], to rent [rent]
Vermittler agent ['eɪdʒənt]
Verpackung wrapping ['ræpɪŋ], packing ['pækɪŋ]
verpassen to miss [mɪs]
Verpflegung food [fuːd]
verpflichtet sein to be obliged to [ə'blaɪdʒd]
verrechnen, s. ~ to miscalculate [ˌmɪs'kælkjʊleɪt], to make a mistake ['meɪk‿ə mɪs'teɪk]
verreisen to go on a journey ['dʒɜːnɪ], to go away ['gəʊ‿ə'weɪ]
verrückt mad [mæd], crazy ['kreɪzɪ]
verschieben *(zeitlich)* to put off ['pʊt 'ɒf], to postpone [ˌpəʊs'pəʊn]
verschließen to lock [lɒk]
verschwinden to disappear [ˌdɪsə'pɪə]
Versicherung insurance [ɪn'ʃʊərns]
versorgen mit to provide with [prə'vaɪd wɪð]
verspäten, s. ~ to be late [leɪt]
versprechen to promise ['prɒmɪs]
verständigen, jdn ~ to inform s.o. [ɪn'fɔːm]; **s. ~** to come to an understanding with [ˌʌndə'stændɪŋ]
verstehen to understand [ˌʌndə'stænd]
versuchen to try [traɪ]; *(Speisen)* to taste [teɪst]
Vertrag contract ['kɒntrækt]
vertragen to take [teɪk], to stand [stænd]
Vertrauen confidence ['kɒnfɪdəns]
verunglücken to have an accident ['æksɪdənt]
verursachen to cause [kɔːz]
Verwaltung administration [ədˌmɪnɪs'treɪʃn]
verwandt related [rɪ'leɪtɪd]
verwechseln to mistake for [mɪs'teɪk fɔː]
verwenden to employ [ɪm'plɔɪ], to use [juːz]
Verzeichnis list [lɪst], directory [dɪ'rektərɪ]
verzögern to delay [dɪ'leɪ]
verzweifelt desperate ['desprɪt]
viel a lot of [ə 'lɒt‿əv]; *(Frage, Verneinung)* much [mʌtʃ]

vielleicht perhaps [pə'hæps], maybe ['meɪbi:]
Villa villa ['vɪlə]
Vogel bird [bɜ:d]
Volk people ['pi:pl]
voll full [fʊl]; *(überfüllt)* crowded ['kraʊdɪd]
Vollmacht power of attorney ['paʊər‿əv‿ə'tɜ:nɪ]
Volt volt [vəʊlt]
von *(Herkunft)* from [frɒm]; *(Passiv)* by [baɪ]
vor *(räumlich)* in front of [ɪn 'frʌnt‿əv]; *(zeitlich)* before [bɪ'fɔ:]
Voraus, im ~ in advance [ɪn‿əd'vɑ:ns]
vorbereiten to prepare [prɪ'peə]
Vorfahrt right of way ['raɪt‿əv 'weɪ]
vorher before [bɪ'fɔ:]
vorletzte(r, -s) last but one ['lɑ:st bʌt 'wʌn]
Vormittag morning ['mɔ:nɪŋ]
vorn in front [ɪn 'frʌnt]
vornehm distinguished [dɪs'tɪŋgwɪʃt], posh [pɒʃ]
Vorort suburb ['sʌbɜ:b]
Vorrat stock [stɒk], store [stɔ:], provisions [prə'vɪʒəns]
Vorschlag suggestion [sə'dʒestʃn]
Vorschrift rule [ru:l]
Vorsicht caution ['kɔ:ʃn]; ~! look out! ['lʊk 'aʊt]
vorsichtig careful ['keəfʊl], cautious ['kɔ:ʃəs]
vorstellen to introduce [ˌɪntrə'dju:s]
Vorstellung introduction [ˌɪntrə'dʌkʃn]; *(Begriff)* notion ['nəʊʃn], idea [aɪ'dɪə]; *(Theater)* performance [pə'fɔ:məns]
Vorteil advantage [əd'vɑ:ntɪdʒ]
vorüber past [pɑ:st], over ['əʊvə], gone [gɒn]
vorwärts forward(s) ['fɔ:wəd(z)]
vorziehen to prefer [prɪ'fɜ:]

W

wach awake [ə'weɪk]
wachsen to grow [grəʊ]
wagen to dare [deə]
wählen to choose [tʃu:z]; *(Politik)* to vote [vəʊt]; *(tele)* to dial ['daɪəl]
wahr true [tru:]
während *prp* during ['djʊərɪŋ]; *conj* while [waɪl]
wahrscheinlich *adj* probable ['prɒbəbl]; *adv* probably ['prɒbəblɪ]
Wales Wales [weɪlz]

Waliser/in Welshman/Welshwoman ['welʃmən/'welʃˌwʊmən]
walisisch Welsh [welʃ]
Wand wall [wɔ:l]
wandern to hike [haɪk], to ramble ['ræmbl]
warm warm [wɔ:m]
warnen (vor) to warn (of/about) ['wɔ:n əv/ə'baʊt]
warten (auf) to wait (for) [weɪt]
was what [wɒt]; ~ **für ein/eine ...?** what sort of ...? ['wɒt 'sɔ:t‿əv]
waschen to wash [wɒʃ]
Wasser water ['wɔ:tə]
Watt *(el)* watt [wɒt]; *(Natur)* mud-flats ['mʌdflæts]
Wechsel change [tʃeɪnʒ]; *(Austausch)* exchange [ɪks'tʃeɪnʒ]
Wechselgeld change [tʃeɪnʒ]
wecken to wake [weɪk]
Weg way [weɪ]; *(Pfad)* path [pɑ:θ]; *(Straße)* road [rəʊd]
weg away [ə'weɪ]; gone [gɒn]
wegen because of [bɪ'kɒz‿əv]
weggehen to go away ['gəʊ‿ə'weɪ], to leave [lɪ:v]
weiblich female ['fi:meɪl]; *(fraulich)* feminine ['femɪnɪn]
weich soft [sɒft]
weigern, s. ~ to refuse [rɪ'fju:z]
weil because [bɪ'kɒz], since [sɪns]
Weinberg vineyard ['vɪnjəd]
weinen to cry [kraɪ]
weit *(nicht eng)* wide [waɪd]; *(Weg)* long [lɒŋ]; *(entfernt)* far [fɑ:]
Welt world [wɔ:ld]
wenig little ['lɪtl], few [fju:]; **ein ~** a little; **ein ~ von . . .** a bit of . . . [ə 'bɪt‿əv]
weniger less ['les]
wenigstens at least [ət 'li:st]
wenn *(Bedingung)* if [ɪf]; *(zeitlich)* when [wen]
werden to become [bɪ'kʌm]
werfen to throw [θrəʊ]
werktags on weekdays ['wi:kdeɪz]
Wert value ['vælju:]
wertlos worthless ['wɜ:θlɪs]
Wertsachen valuables ['væljʊəblz]
Wespe wasp [wɒsp]
Westen west [west]
westlich von west of [west‿əv]
wichtig important [ɪm'pɒtnt]
wie *(Frage)* how [haʊ]; *(Vergleich)* like [laɪk]
wieder again [ə'gen]
wiederholen to repeat [rɪ'pi:t]
wiederkommen to come back ['kʌm 'bæk], to return [rɪ'tɜ:n]

wiegen to weigh [weɪ]
Wiese meadow ['medəʊ]
wild wild(ly) [waɪld(lɪ)]
willkommen welcome ['welkəm]
winken to wave [weɪv]
wir we [wi:]
wirklich real [rɪəl]; *(echt)* true [tru:]; *adv* really ['rɪəlɪ]
Wirt/in landlord ['lænlɔ:d]/landlady ['lændeɪdɪ]
wissen to know [nəʊ]
Witz joke [dʒəʊk]
Woche week [wi:k]
wochentags on weekdays ['wi:kdeɪz]
wöchentlich *adj* weekly ['wi:klɪ]; *adv* once a week ['wʌns‿ə 'wi:k]
wohlhabend wealthy ['welθɪ], well-off ['wel 'ɒf]
wohnen to live [lɪv], to stay [steɪ]
Wohnung flat [flæt], *(Am)* apartment [ə'pɑ:tmənt]
wollen *(wünschen)* to want [wɒnt], to wish [wɪʃ]
Wort word [wɜ:d]
wunderbar wonderful ['wʌndəfʊl], marvellous ['mɑ:vləs]
wundern, s. ~ (über) to be surprised (at) [sə'praɪzd‿(ət)]
wünschen to want [wɒnt]; to wish for [wɪʃ]
Wurm worm [wɜ:m]
Wut rage [reɪdʒ]
wütend furious ['fjʊərɪəs]

Z

Zahl number ['nʌmbə], figure ['fɪgə]
zahlen to pay [peɪ]
zählen to count [kaʊnt]
zärtlich tender ['tendə]
Zeichen sign [saɪn]
zeichnen to draw [drɔ:]
zeigen to show [ʃəʊ]
Zeit time [taɪm]
Zeitung newspaper ['nju:sˌpeɪpə]
zentral central ['sentrl]
Zentrum centre ['sentə], *(Am)* center ['sentə]
zerstören to destroy [dɪs'trɔɪ]
ziehen to pull [pʊl]
Ziel aim [eɪm]; *(Reise~)* destination [ˌdestɪ'neɪʃn]
ziemlich fairly ['feəlɪ], rather ['rɑ:ðə], pretty ['prɪtɪ]
zögern to hesitate ['hezɪteɪt]
zornig angry ['æŋgrɪ]
zu *(Richtung)* to [tu:]; *(mit adj)* too [tu:]; **~ sehr, ~ viel** too

much ['tu: 'mʌtʃ]; *(geschlossen)* shut [ʃʌt], closed [kləʊzd]
zubereiten to prepare [prɪ'peə]; *(Getränke)* to mix [mɪks]; *(Speisen)* to cook [kʊk]
zuerst (at) first [(ət) 'fɜ:st]
zufällig by chance [baɪ 'tʃɑ:ns]
zufrieden satisfied ['sætɪsfaɪd]
zugreifen to grab [græb]; **greifen Sie zu!** help yourself!
zuhören to listen ['lɪsn]
Zukunft future ['fju:tʃə]
zukünftig future ['fju:tʃə]
zulässig permitted [pə'mɪtɪd], allowed [ə'laʊd]
zuletzt finally ['faɪnəlɪ]; last [lɑ:st]
zurück back [bæk]
zurückbringen to bring back ['brɪŋ 'bæk]
zurückfahren to return [rɪ'tɜ:n], to drive back [ˌdraɪv 'bæk]
zurückgeben to give back [ˌgɪv 'bæk]
zurückkehren to come back [ˌkʌm 'bæk]
zusagen *(Einladung)* to accept [ək'sept]
zusammen together [tə'geðə]
Zusammenstoß collision [kə'lɪʒn], crash [kræʃ]
zusätzlich *adj* additional [ə'dɪʃənl]; *adv* in addition [ɪn‿ə'dɪʃn]
zuschauen to watch [wɒtʃ]
Zuschauer spectator [spek'teɪtə]; *(Fernseh~)* viewer ['vju:ə]
Zuschlag extra charge [ekstrə 'tʃɑ:dʒ]
Zustand state [steɪt], condition [kən'dɪʃn]
zuständig responsible [rɪ'spɒnsəbl]
zustimmen to agree (to) [ə'gri: (tʊ)]
zuverlässig reliable [rɪ'laɪəbl]
zweite(r, -s) second ['seknd]
zweitens second(ly) ['seknd(lɪ)]
zwingen to force [fɔ:s], to compel [kəm'pel]
zwischen between [bɪ'twi:n]; *(zwischen mehreren)* among [ə'mʌŋ]
Zwischenfall incident ['ɪnsɪdnt]

Stichwortregister